MOSES' EVANGELIUM

En vandring gjennom tabernaklet

Lars Haukeland

Himmelbok.no

Moses' evangelium
Copyright © Lars Haukeland
Alle rettigheter reservert.
Alle illustrasjoner i boken er av Paul Thompson og
    freebibleillustrations.org og er brukt med tillatelse.
Bibelsitatene i denne boken er delvis hentet fra Bibel 2011
    fra Bibelselskapet og fra Norsk Bibels oversettelse av
    1988.
Trykk: IngramSpark
1. utgave på papir, juli 2020
Utgitt av Himmelbok.no
ISBN: 978-91-984172-5-8

Innhold

Forord

Det finnes flere teorier om hvem som har skrevet Mosebøkene i Det gamle testamente. Men de fleste bibeltroende som jeg kjenner til, er enige om at Moses har skrevet de første fem bøkene i Bibelen – bortsett fra de siste ordene om hans død, som sikkert er blitt nedskrevet av Josva. Moses kan ha hatt tidligere manuskripter som han har satt sammen, eller han kan ha skrevet ned alle historiene som forfedrene hadde latt gå i arv mens de har satt seg ned og fortalt sine barn og barnebarn om den store Gud som hebreerne tilbad – det vil si, Abrahams etterkommere. Man tror at Moses har skrevet nesten alt i disse fem bøkene. Steintavlene som inneholdt de ti bud, ble imidlertid skrevet av Gud selv.

Selv om det er forskjellige teorier om hvordan Moses har arbeidet da han skrev ned de fem første bøkene i Bibelen, så er det på det rene at han gjorde det under ledelse av Gud. En studie av Moses sine bøker avslører et fantastisk mønster i alle de nedskrevne ordene som Moses selv neppe kunne ha visst om. Moses sine skrifter – og dette gjelder også resten av Bibelen – er en helt fantastisk samling av levende ord som avslører flere og flere dybder og sannheter dess mer vi studerer dem. Vi burde alle nærme oss Bibelens hellige og inspirerte ord med respekt og et åpent sinn.

Denne bokens hovedtittel, «Moses' evangelium», er en offentliggjøring av at jeg aksepterer Moses som forfatter av Bibelens første fem bøker. Undertittelen, «en vandring gjennom tabernaklet», er hva jeg faktisk gjør. Evangeliet er det gode budskapet om Jesus Kristus og hva Han har gjort for oss. Moses brakte Guds ord videre til jødene om hva tabernaklet skulle inneholde og hva de skulle gjøre da de tilbad Gud i tabernaklet. En gjennomgang av det Moses skrev – sammenlignet med det vi leser i Hebreerbrevet – gir oss utallige bilder på hvem Jesus er og hva Han har gjort for oss. Tabernaklet har sin egen måte å vise Jesu frelsesverk på. Når jødene kom til tabernaklet, utførte de flere handlinger som var et bilde på det Jesus skulle gjøre da Han kom og Det nye testamente begynte.

Jeg håper denne vandringen vil bli til hjelp for deg som leser og vil gi bedre forståelse for tabernaklets oppsetning og funksjon. Min bønn er at de 35 delene av denne boken vil bli en velsignelse for deg.

Askøy, juli 2020

DEL 1
GENERELL BESKRIVELSE AV TABERNAKLET

De som ønsker å forstå den bokstavelige meningen med tabernaklet og dets forskjellige tjenester, burde lese gjennom Mosebøkene fra og med **Andre Mosebok 25**, og de som ønsker å forstå både den bokstavelige og den billedlige betydningen og ønsker å føle den åndelige betydningen av disse tjenestene, burde lese Hebreerbrevet i tillegg til Mosebøkene, ettersom Hebreerne er Den Hellige Ånds kommentar til tabernaklet og dets tjenester. Uten det brevet kan ingen forstå den åndelige betydningen av mye av det som Moses skrev: det er nøkkelen til Pentateuken (Mosebøkene) og store deler av Det gamle testamente.

Tabernaklet var et telt. Det var en kostbar bygning men likevel et telt. Det var Guds telt hvor Han bodde og vandret med sitt folk i ødemarken (**2 Mosebok 25,8, 4 Mosebok 9,15, 2 Samuel 7,6, Apostlenes gjerninger 7,38-50**). Ettersom Guds folk bodde i telt, ville også Gud ha et telt og bo blant dem som deres guide, Far og Konge; men etterpå, når de hadde slått seg ned i Kanaan og bodde i hus med takstein på, så tillot Han at de bygget Ham et hus i Jerusalem, som Han da fylte med sitt nærvær akkurat som Han tidligere hadde fylt tabernaklet.

Da Gud bodde i tabernaklet, og etterpå i tempelet, måtte menneskene komme til tabernaklet eller tempelet for å komme til Gud. Slik bodde Gud i Kristus (**2 Korinterbrev 5,19**), og alle som ville komme til Gud, måtte komme til Kristus, for det finnes ingen annen vei til Gud (**Johannes 14,6, 6,37**).

> *Og Ordet ble menneske og tok bolig,*
> *(eller «tabernakel») iblant oss.*
> **Johannes 1,14**

> *Jesus svarte dem: «Riv ned dette tempelet, og jeg*
> *skal reise det opp igjen på tre dager.» … Men det*
> *tempelet han talte om, var hans egen kropp.*
> **Johannes 2,19.21**

Disse skriftstedene viser oss klart at Kristi legeme var Guds bolig. Og vi burde alltid huske på at der var bare ett tabernakel, så det er bare én Kristus, og ingen kan bli frelst fra den kommende vreden foruten dem som kommer til Ham; og at en mann måtte komme ut av leiren for å komme til tabernaklet, akkurat som en mann må komme ut fra verden og være adskilt i ånden, før han virkelig kan være i Kristus. Det er en Satans løgn å tro at en mann kan være i verden og i Kristus samtidig; eller at en kan komme til Kristus uten å forlate verden i ånden for å komme til Kristus, for når en kommer til Kristus, legger en verden bak seg.

> *Hadde dere vært av verden, hadde verden elsket sitt*
> *eget. Men dere er ikke av verden. Jeg har jo utvalgt*
> *dere fra verden, og derfor hater verden dere*
> **Johannes 15,19**

Alt ved tabernaklet peker mot Jesus Kristus: leseren av denne boken må derfor forvente seg å finne mye om Ham på disse sidene, Han som er gleden av Faderens store hjerte, og fryden og æren av Hans folk. Dersom leseren elsker navnet Jesus, vil han finne stor glede ved å lese denne boken jeg nå begynner å skrive; men dersom Kristus ikke er dyrebar for leseren, er det ikke sikkert at han vil finne noen trøst i å lese denne boken, og han kan like gjerne legge bort denne boken. Men som forfatter forventer jeg at mesteparten av de som leser denne boken, vil elske det fantastiske Jesunavnet mer enn noe annet navn de noensinne har hørt; og jeg inviterer dere til å bli med på en reise gjennom tabernaklet og tabernaklets forgård, og dere blir tilbudt tjenester på denne reisen hvor få personer har gått tidligere. Her gis ingen sannhet som ikke har blitt oppdaget og testet av meg først, og dere vil ikke bli ledet et sted hvor Kristus ikke har ledet meg først. Studien av tabernaklet har vært en slik stor glede at det håpes at leserne vil erfare like stor glede.

La oss først stå på utsiden av tabernaklet og betrakte skyen som hviler oppå tabernaklet.

For Herrens sky lå over boligen om dagen,
og om natten lyste den som ild for øynene
på hele Israels hus, så lenge vandringen varte
2 Mosebok 40,38

Dette var ikke bare en røyksøyle som steg opp fra teltet, men den var spredd utover hele leiren slik at den kunne beskytte dem fra solens skadelige stråler (**Salme 105,39**). Fra denne skyen guidet Jehova sitt folk gjennom ødemarken (**2 Mosebok 13,21, Salme 78,14,** se også **4 Mosebok 9,15-23, 5 Mosebok 1,29-33, 3 Mosebok 16,2, 2 Mosebok 16,7-10**). Dette representerer Guds ord, som Han bruker til å guide sitt folk gjennom verdens ødemark hvor Han gir lys til sorgens mørke. Ved Hans ord regulerer Han bevegelsene til det sanne Israel; ved dette uttrykker Han sin glede og sin misnøye overfor dem og deres handlinger.

Akkurat som de ofte ville stirre inn i skyen, så skulle vi ofte stirre inn i Ordet og søke å bli styrt av dets retningslinjer. En mann kunne vite veien til tabernaklet fra hvor som helst i leiren på grunn av denne ildsøylen, og dersom han var guidet av den, ville han være sikker på at han kunne finne Guds bosted. Så dersom en mann ønsker å finne Herren, så la ham søke Skriftene, så vil de lede ham til Jesus; akkurat som Bunyans Kristen lot seg fylle med dette lyset, og snart vil han finne porten – som er Jesus.

Del 2
Forhenget til forgården

Etter å ha kikket raskt på tabernaklets generelle utseende, vil jeg fortelle litt om forgården som omringet tabernaklet. Den var uten tak og derfor åpen under himmelen, og den var omringet med fint, tvunnet lin som hang fra seksti søyler med likt mellomrom rundt hele området. De var omtrent 2,7 meter høye, var plasserte på messing og var pyntet med sølv rundt toppen. Krokene var også av sølv.

Linet er de helliges rettferdige gjerninger.
Johannes' åpenbaring 19,8

Det som fremstiller menneskelig rettferdighet, blir her sett rundt Guds hellige bosted, for å betegne renheten på stedet Han er på. La oss stå her og beskue det rene linet med håp om at vi kan lære noe om Jesus. I livet og karakteren til Jesus Kristus, den hellige boplassen til Gud, ser vi lin av plettfri renhet. Og ettersom man kunne se linet på alle sidene, så kan vi på alle områder se Ham som den plettfrie. På intet område har Jesu karakter fått en eneste flekk. Både blant venner og fiender, hjemme eller borte, så er Han den samme.

Livet Hans var rent, uten lyte,
og hele Hans natur er renhet.

Det er trolig at de forhengene ville være løse, og at folket kunne se gjennom lin-gjerdet og se hva som skjedde innenfor. Dette ville avspeile ærligheten i Kristi karakter. Han var ingen bedrager. Det var intet svik på Hans lepper. Han levde i en veldig hul tidsalder når svik var hverdagskost, men Han var en gjennomsiktig mann, en uselvisk mann, en perfekt mann.

Ved den østlige enden av forgården var det et forheng som ble kalt porten (avbildet på neste side). Grunnlaget for denne porten ville være det samme fine linet som i andre deler av forgården, og maskene ville være nesten fulle av blått, lilla og karmosinrødt ull. Denne porten er Kristus, den ene porten, den eneste veien til Gud og til lykken i dette livet eller i livet som skal komme.

De hvite forhengene ble hengt fra rette søyler som hadde et fundament av messing. Søylene var sterke nok til å holde oppe vekten av forhengene, og de var høye nok til å hindre at linet berørte bakken eller ble skitten på noen måte.

På den samme måten var vår Herre Jesus opprettholdt i sin hellige atferd i hver del av livet Hans, av de oppreiste prinsippene som Han hadde i sin hellige natur. Hvor jublende det er å tenke på at vår velsignede Frelser aldri gjorde noe galt i hele sitt jordiske liv! Livet Hans er av ett slag, og det er rent, uten lyte i noen del. Han sa ingenting som burde ha forblitt usagt. Han gjorde ingenting som burde forblitt ugjort. Han står her som vårt eksempel. En kristen er Guds bolig, kroppen hans er Den Hellige Ånds tempel. Den burde bli holdt ren, og menneskene utenfor skulle se en kristen som er lik fint lin av rettferdighet (**1 Korinterbrev 6,19-20**).

Men før den renheten i livet som vi her snakker om, kan eksistere, så må det finnes oppreiste søyler med hellige prinsipper, plantet i sjelen av Den Hellige Ånd. Disse vil holde oppe et menneske under fristelse utenfra. Søylene ble satt opp først, og så ble forhengene hengt opp. Slik må det være gode prinsipper først, og så vil god oppførsel følge. Prinsipper kommer før handlinger, og handlingene følger prinsippene.

Det fine linet kom fra jorden. Det hadde grodd fra frø som var blitt kastet på bakken. Så hadde det dødd der, og etterpå kom det liv fra døden: det var død og oppstandelse. Etter dette gikk det gjennom mange forskjellige prosesser før det ble satt rundt Guds bolig. Slik har også den kristne lært om død og oppstandelse. Vi må dø og så bli gjort levende, og så må vi gjennomgå noen smertefulle prosesser. Satan selv får av og til lov til å sikte og vri oss, og han er røff med sjelen vår; men det er alt nødvendig for å gjøre oss til det fine,

tvunnede linet som Gud ønsker at vi skulle være. Alle ting er for vårt gode dersom de hjelper oss til å omstille oss til Kristi bilde (**Romerne 8,28-29**).

Jeg lengter etter å være lik Jesus,
myk, elskende, ydmyk, mild,
Jeg lengter etter å være lik Jesus,
Faderens hellige barn,
Jeg lengter etter å være med Jesus,
blant himmelens himmelske trengsel,
Å synge Hans pris med de hellige,
og lære englenes sang.

Del 3
Forgårdens søyler

Det er veldig lærerikt å observere at toppen av hver søyle var pyntet med sølv. Sølvet var brukt som en del av soningspengene for Israels folk.

Når du holder manntall over israelittene, skal alle som telles, gi Herren løsepenger for sitt liv, så ikke noen plage skal ramme dem når de telles. Hver den som telles, skal gi en halv sjekel etter helligdommens vekt, som er tjue gera på en sjekel. Denne halve sjekelen skal være en offergave til Herren. Alle som telles og er over tjue år, skal gi en offergave til Herren. Den rike skal ikke gi mer og den fattige ikke mindre enn en halv sjekel når dere gir offergaven til Herren som soning for deres liv. Du skal ta imot soningspengene av israelittene og bruke dem til tjenesten i telthelligdommen. Det skal være en påminnelse om israelittene for Herrens ansikt til soning for deres liv.
2 Mosebok 30,12-16

En mann kunne ikke innta plassen sin som en soldat i Israels hær før han hadde betalt sin halve sjekel av sølv som sin soningssum, slik at ingen uten de innløste sjelene kunne bli Kristi soldater og tjenere for den levende Gud. Nå vet vi at Herrens folk ikke er innløst med forgjengelige ting, som sølv og gull, men med Kristi dyrebare blod (**1 Peter 1,18-19**).

Den rike og den fattige var på samme nivå når det gjelder innløsning, for den rike var ikke tillatt å betale mer, og den fattige var ikke tillatt å betale mindre enn en halv sjekel med sølv. Slik er det også med åndelige israelitter – rike og fattige er alle like når det kommer til innløsningen. Israelittene betalte prisen selv. Hver mann var på en måte sin egen innløser. Men Jesus har selv innløst oss med en stor sum. De måtte se opp for å se soningspengene der det skinte fra toppen av søylen og over det fine linet. Slik må vi også se opp til Jesus på korset for å se prisen som ble betalt for vår innløsning.

Og slik Moses løftet opp slangen i ørkenen,
slik må Menneskesønnen bli løftet opp,
for at hver den som tror på ham, skal ha evig liv.
Johannes 3,14-15

Troen mottar forsoningen og setter det på stedet hvor israelittene stod etter at de hadde betalt hver sin halve sjekel. Tro er en adskillende ting; den skiller en mann fra mye som var ham kjært tidligere, og det setter ham på et nytt sted blant Kristi tjenere og soldater. Og la enhver leser av disse linjene huske at ingen kan bli talt sammen med Kristi tjenere eller soldater som ikke har tro på Kristus, for «uten tro er det umulig å glede Herren».

Før vi forlater denne delen for å gå inn gjennom porten, så la oss ta en titt til på stolpehodene og opphengene, kroningen og de pyntede delene av søylene. Alle disse, sammen med krokene som holdt oppe det fine linet, var laget av sølv, og det sølvet var innløsningspenger. Innløsning av Kristus er det største og peneste arbeidet som Gud noensinne har gjort.

Det var stort å tale en jord til fra intet;
men det var enda større å innløse.

Innløsning er et emne som en kan se på dag etter dag, år etter år, uten å noensinne gå lei. Det er ferskt, alltid nytt og alltid søtt. Det er det høyeste uttrykket for Guds kjærlighet overfor menneskene.

Fattig, svak, verdiløs som jeg er,
så har jeg en mektig venn:
Jesus Frelseren er Hans navn,
Han elsker gratis uten ende.

Han frikjøpt meg fra helvete med blod,
og ved Hans kraft kontrollerte Han frykten min;
Han fant meg vandrende langt fra Gud,
og Han brakte meg til Hans hellige flokk.

Han oppmuntrer hjertet mitt
og tilfredsstiller mine behov
og sier at jeg snart skal trone
sammen med Ham over skyene;
Å, for en venn Kristus er for meg!

Del 4
Alteret av messing

Dersom dere følger med gjennom porten til forgården, så får vi øye på et alter for brennoffer og vaskekaret, som begge stod mellom porten og døren til tabernaklet.

Dette alteret var laget av ved og dekket av messing. Det var omtrent 1,5 meter høyt og omtrent 2,7 meter langt og bredt. Noen ganger blir det kalt for «Herrens bord», og det som ble lagt oppå det, ble noen ganger kalt «gaveoffer» eller «Guds mat». (Se **Malaki 1,12, 3 Mosebok 21,6.8.17.21-22.**) Brennofferet ble ofret på dette alteret. Fettet av syndofferet og minnet av både fredsofferet og matofferet ble brent på det samme alteret, men kjøttet og beina og skinnet av syndofferet ble brent til aske på jorden utenfor leiren, flere kilometer fra tabernaklet (**3 Mosebok 1,6-9, 4,12, 16,27**).

Alteret hadde fire hjørner, og det hadde fire horn. Dyrene som ble ofret, var dyr med horn og var trolig bundet med hornene til alterets horn og så slaktet (**Salme 118,27**) slik at bakken rundt alteret alltid ville være rød og dekket av blod.

Livet er i blodet. Ofret blod er offer til liv, og det første vi ser når vi entrer porten til forgården og ser på bakken mens vi går, er blod – ofret liv. Til dette alteret kom synderen med sitt syndoffer. Her stod han foran Gud og bekjente syndene sine og overførte eller tilregnet synden til dette uskyldige dyret som så måtte lide og dø for synden, men ikke for sin egen synd. Den uskyldige døde for den skyldige.

Disse ofringene var typiske for Kristi offer. Han led, den uskyldige for den skyldige. Våre synder ble lagt på Ham. Han bar våre synder i sin kropp på korset. Han ble gjort til synd eller et syndoffer for oss , og ved Hans lidelse blir vi helbredet. Hans blod ble spilt for syndenes forlatelse, og nå har det renset oss fra all synd (**1 Peter 3,18, Jesaja 53,5-6, 1 Peter 2,24, 2 Korinterbrev 5,21, Matteus 26,28, 1 Johannes 1,7**).

Kristus er vårt alter, vårt offer og vår prest. Han ofret seg selv for oss. Og ved å ha oppfylt alle Guds krav, så sørger Han for alle synderens behov. Enhver synder har kommet til dette stedet – har sett Jesus som Guds Lam som tar vekk verdens synd (**Johannes 1,29**).

Vi har sett Kristus som gjenløseren, som porten eller veien til Gud, og nå ser vi Ham som alteret, presten og offeret. Her står vi med vår tros hånd på Hans hode, og vi føler at Han har lidt for vår synd som vårt syndoffer og fjernet synden vår.

Livet vårt var forspilt, men Kristus, som elsket oss, har gitt seg selv for oss og ofret sitt eget liv for å frelse oss fra evig død (**Efeserne 5,25, Johannes 10,11.15**). Han har betalt det vi skyldte og fullstendig oppfylt straffen for våre synder. Han er også brennofferet, og vi blir akseptert gjennom Ham (**3 Mosebok 1,4, Efeserne 1,6**).

Gud ser oss i Jesus, og Gud aksepterer oss akkurat som Han aksepterer Kristus. Han evaluerer oss til samme verdi som offeret, som er Kristus. Dersom Han er fornøyd med Kristus, så vil Han være fornøyd med oss. Dersom Han ikke har noe imot Kristus, så vil Han ikke ha noe imot oss, for vi er i Ham (Kristus) – deler av Kristi legeme og elsket som Han er elsket (**Johannes 17,23**).

Det er så velsignet å møte Gud på denne måten; å se Jesus ta det som ikke var Hans, men vårt, det vil si syndene våre, og så lide for dem slik at Han kan gi oss det som ikke var vårt, men Hans – nemlig Hans rettferdighet. Dette gir Han til alle som tror. Dette er de sanne bryllupsklærne som vi må ha på oss når vi samles foran Gud dersom vi ønsker å bli akseptert av Ham.

Jeg elsker å stå her og se på bakken hvor en synder kan bli rettferdiggjort framfor Gud. Jeg elsker å se dette alteret som et glass som jeg kan se igjennom og se Jesus, mitt alter og min prest, og nå som jeg er innenfor det aller innerste, kan jeg reflektere på følgende:

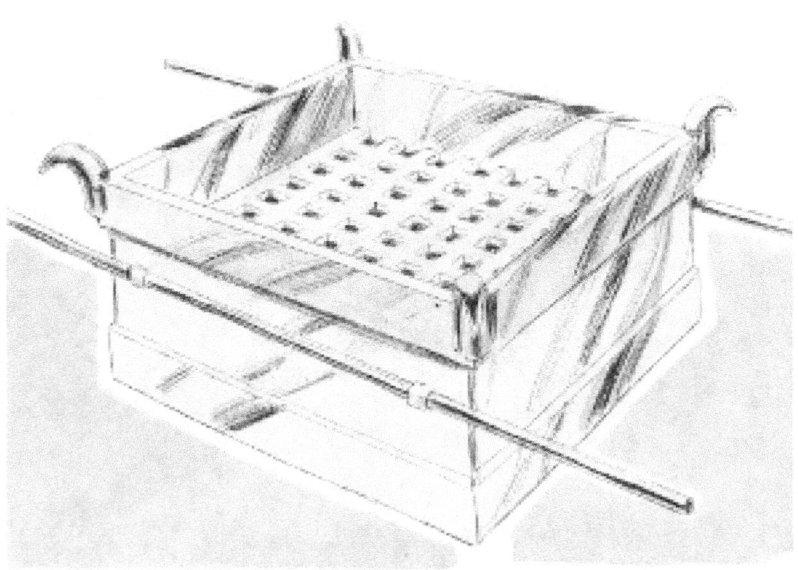

Det skamløse alteret ryker ikke mer,
Det som offeret lå på,
Hvor syndens umålte undergang ble båret,
når jeg ikke hadde noe å betale med.

DEL 5
KARET

Mellom alteret av messing og døren til tabernaklet stod et kar hvor prestene daglig vasket hendene og føttene sine. Den åndelige betydningen av dette er av den dypeste betydning for Guds barn. Vi har sett blodet som renser oss fra synd, fra all synd, og her ser vi vann som renser oss fra urenhet. Vi så blodet renne fra de slaktede dyrene; her ser vi vannet som har kommet fra steinen som ble slått. De dyrene var eksempler på Kristus, og steinen som vannet strømmet, fra var også et bilde på Kristus (**1 Korinterbrev 10,4**).

En av soldatene stakk et spyd inn i siden på ham,
og straks kom det ut blod og vann.
Johannes 19,34

Blodet var nødvendig for å rettferdiggjøre, og vannet var nødvendig for å helliggjøre sjelen. I det utgytte blodet ser vi Kristi ofrede liv, og i vannet ser vi Ordet og Kristi Ånd. I blodet ser vi soning for syndene våre, og gjennom blodet får vi forlatelse for syndene. Så kommer vannet for å hellige og renser oss.

Dere menn! Elsk deres hustruer, likesom Kristus
elsket menigheten og ga seg selv for den, for å
hellige den ved å rense den ved vannbadet i ordet.
Efeserne 5,25-26

Frelste han oss, ikke på grunn av
rettferdige gjerninger som vi har gjort,
men etter sin miskunn, ved badet til gjenfødelse
og fornyelse ved Den Hellige Ånd.
Titus 3,5

Jesus svarte: Sannelig, sannelig sier jeg deg:
Uten at en blir født av vann og Ånd,
kan han ikke komme inn i Guds rike.
Johannes 3,5

Han skal stenke sju ganger på den som lar seg
rense for spedalskhet. Slik skal han rense ham. Og
den levende fuglen skal han la fly sin vei ut i den
åpne marken. Den som lar seg rense, skal vaske
sine klær og rake av alt håret og bade seg i vann.
Så er han ren. Deretter kan han gå inn i leiren.
Men han skal holde seg utenfor sitt telt i sju dager.
3 Mosebok 14,7-8

Når en spedalsk skulle renses, stenket presten ham med blod syv ganger, og etterpå vasket han seg selv og klærne hans med vann. Presten brukte blod først, og så brukte den spedalske vann både på seg selv og klærne sine. På denne måten fjernet han utvendige urenheter og forbedret utseendet sitt. Dette er alltid Guds plan. Han søker oss slik at vi vil søke Ham; Han griper fatt i oss slik at vi vil gripe fatt i Ham; Han bringer frelse til oss – skjenker det til oss som sin personlige gave, og så befaler oss å «arbeide på deres frelse med frykt og beven» (**Filipperne 2,12**).

Guds nåde bringer oss først frelsen, og så lærer Han oss å fornekte ugudelighet og verdslige lyster og å leve edruelig, rettferdig og hellig i denne verden (**Titus 2,11-12**).

Dette karet lærer oss, blant andre ting, at de som kommer til Gud, må nærme seg Ham med rene hender.

Hvem skal stige opp på Herrens berg
Hvem skal stå på hans hellige sted?
Den som har skyldfrie hender og et rent hjerte,
som ikke har vendt sin hu til løgn
og ikke sverger falskt.
Salme 24,3-4

Hvordan skal den unge holde sin sti ren?
Ved å holde seg etter ditt ord.
Salme 119,9

Jeg tror disse tekstene viser at de som hevder at de tjener Gud, må kultivere hellighet i hjerte og liv, og at mens Jesu blod renser oss fra all synd, så må vi rense oss selv ved å stadig komme under kraften fra Guds ord. Vi må komme til Kristus for å bli rettferdiggjort ved Hans blod. Vi må komme til Kristus for å bli helliggjort ved Hans ord og ånd.

Men ingen utenom prestene fikk lov til å vaske seg i dette karet, og ingen ble innviet til presteskapet utenom dem som ble født inn i Levis familie. Alle som tilhører Herren, er prester i dag, og på den måten er de kalt til å gi åndelige offer til Gud (**Romerne 12,1, Hebreerne 13,15-16, 1 Peter 2,5.9**). De kommer inn i presteskapet når de blir født på ny, og ingen utenom dem som er «født to ganger» kan gi noe offer til Gud som Han vil akseptere. Ved ordinasjonen ble de vasket over det hele. Dette gjorde de ikke selv, det ble gjort for dem av Moses. Dette svarer til frelsens renselse som Gud gjør for oss når Han bringer oss inn i sitt hus og gjør oss til sine tjenere. Etter dette var det daglig vask av hender og føtter. Dette gjorde ikke Moses for dem, og dersom de ikke gjorde dette, ble de straffet med døden (**3 Mosebok 8,6, 2 Mosebok 30,18-21**).

Gud har gjort alle i Hans familie rene. Når Han ser på dem, ser Han ingen synd. Men i deres daglige vandring med Ham trenger de å dømme seg selv kontinuerlig ved Ordet. Og slik som vannets handling vil fjerne alle urenheter fra hender og føtter, så vil Ordets handling, når vi underkaster oss det, rette våre feilaktige vaner, rense tankene våre og gjøre oss rene. De som tilhører Herren, burde kontinuerlig dømme seg selv ved Ordet. Åndelig, når vi kommer foran Gud i Kristus, så har blodet renset oss for alltid (**1 Johannes 1,7**); men rent praktisk må vi alltid rense oss selv.

Karet står. Om jorden besudler;
Gå og vask dine hender og føtter;
Gå ganske enkelt som et tilgitt barn;

Nærm deg nådesetet;
Bring ditt røkelsekar innenfor forhenget,
Og brenn søt røkelse for Kongen.

Del 6
Tabernaklets planker

N å kommer vi omsider til strukturens ribben, de faste delene av tabernaklet, som var nødvendige for at helligdommen skulle kunne stå oppreist. Plankene holdt bedekningen oppe, og bedekningen pyntet og beskyttet plankene. Det var 48 planker, alle med samme lengde og bredde. Alle var dekket med gull, og hver planke hvilte på to blokker av sølv, forløsningspengene til Israels soldater.

Dette gir meg assosiasjoner til at Kristi kirke blir her sett som Guds oppholdssted. Den ble opprettet på jorden, og Gud bor i den. Kristi kirke er komprimert av mange mennesker som er adskilt fra denne verden og bygget på et sikkert fundament – Jesus Kristus. Og de plankene ble dekket med gull, slik at Guds folk fikk del i den hellige naturen (**2 Peter 1,4**) etter at de har blitt adskilt, kuttet av fra det stedet hvor naturen hadde plassert dem, slik at medlemmene av Kristi sanne kirke har blitt kuttet av fra det stedet hvor de på naturlig vis hadde stått, et sted av skyldfølelse og fordømmelse, og så har de blitt med Jesu levende tro. De er bygget

på apostlenes og profetenes fundament med Jesus Kristus
selv som hjørnesten, hvor hele bygningen, perfekt sammen-
satt, vokser til et hellig tempel for Herren, i hvem vi også er
bygget sammen for en bolig for Gud gjennom Ånden
(**Efeserne 2,20.22**).

Naturen har ikke forsørget oss med et fundament som vi
kan bygge tabernaklet på, og naturen har derfor ikke gitt oss
ett fundament hvor synderen kan bygge håpet sitt. Men som
Gud har forsørget oss med ett fundament til tabernaklet i
folkets forløsningspenger, så har Han nå gitt oss et funda-
ment for sitt folk i forløsningen i Kristus Jesus.

Derfor sier Herren Herren:
Se, Jeg har lagt i Sion en grunnstein,
en prøvet stein, en kostbar, fast hjørnestein.
Jesaja 28,16

For ingen kan legge en annen grunnvoll
enn den som er lagt, det er Jesus Kristus.
1 Korinterbrev 3,11

Og bli også selv oppbygd som levende steiner
til et åndelig hus, til et hellig presteskap
til å bære fram åndelige offer, slike som er
Gud til behag ved Jesus Kristus.
1 Peter 2,5

Ingen planke kunne være en del av tabernaklet uten å ha bli
bygget på sølvfundamentet. Ingen person kan være en del av
Guds sanne kirke med mindre han er bygget på Kristus.

Er du som leser denne boken, en del av den sanne kirke?
Har du følt den skarpe kniven til Ordet, styrt av hånden til
Den Hellige Ånd mens Han skjærer deg løs fra verden og
høvler deg ned til den riktige formen slik at du kan bli
plassert i Guds tempel og aldri mer tilhøre verden? Er du nå

bygget på Kristus og Ham alene? Det er unionen med «Jesus alene» som gjør man et medlem av den sanne kirken.

Hva er kirken? Et hus lagd med hender;
Kristus står alene som fundament;
Et tempel oppreist på jorden for å
fortelle om lovprisningen
Av den store Eldgamle fra evige tider.

Hva er kirken? Kroppen – mens Kristus er hodet;
Lemmer av Ham, den førstefødte fra døden:
En Herre, ett liv, en sympatisk sjel
Bor inne i rammen, puster inn og gjennom det hele.

Hva er kirken? Ikke ved, ikke murstein, ikke stein,
Intet tempel bygget av menneskehender alene,
Ikke et sted hvor kristne møtes for
lovprisning og bønn,
Selv om Mesteren planlegger å møte dem der.

Kirken! Det er Lammets egne hellige brud,
Vasket i strømmen som renner fra Hans side;
Kjøpt med løsepenger som Han betalte frivillig,
Når Han ble lagt på alterer for henne.

Dette er den sanne kirke, som «dødsrikets porter» ikke skal kunne motstå. De vil angripe den, men de skal aldri vinne over den. Ingenting er så trygt som Kristi kirke. De som tilhører denne kirken, er lykkelige – dem hvis Gud er Herre.

DEL 7
BEDEKNINGEN

Nå skal vi nærme oss «det mystiske teltet» med «dets forskjellige bedekninger og tilpassede planker». Bedekningen av tabernaklet var i fire deler: takasskinn, værskinn farget røde, geitehår og broderte bedekninger.

Det har vært mye diskusjon om hvilket dyr takasskinn kommer fra. I den engelske Bibelen er det oversatt som «grevlingskinn». Noen tror det var en sel, og at hele tabernaklet, unntatt den østlige enden hvor døren befant seg, var dekket av selskinn. Andre tror denne bedekningen var laget av hjort. Men hva enn det var, så er det klart at den utvendige bedekningen var laget av et hardt og slitesterkt materiale. Det var så hardt at en av og til laget sko av det samme materialet (**Esekiel 16,19**). Denne tildekningen var ikke vakker eller attraktiv. Jeg kan forestille meg at en mann kan ha stått på toppen av en høy bakketopp og sett ned på en lang, mørk, kisteliknende struktur og sagt: «Vel, jeg har hørt mye om at tabernaklet er en veldig dyr bygning, men alt jeg ser, er dette lange, mørke teltet.» Men prestene som var innenfor teltet, kunne se gull og sølv og rik utsmykning der. Det var vakkert på innsiden, men grovt og skjemmende på utsiden.

Disse takasskinnene viser Kristi ydmykhet når Han var på jorden blant menneskene, som, når de så Ham, sa: «Foraktet var han og forlatt av mennesker, en smertens mann, vel kjent med sykdom. Han var som en som folk skuler sitt åsyn for, foraktet, og vi aktet ham for intet.» (**Jesaja 53,3.**)

Men vi vet at det var mye ved Kristus som ikke ble prissatt av menneskene generelt sett. Og de som, undervist av Faderen, kjente Ham som Kristus, den levende Guds Sønn (**Matteus 16,16-17**), ble tiltrukket av Ham. For dem var Han «utmerket framfor ti tusen ... og alt ved ham er liflighet.» (**Salomos høysang 5,10.16.**)

De grove takasskinnene på utsiden var like nødvendige som den vakre bedekningen på undersiden, og Kristi ydmykhet var like nødvendig for oss og for Guds ære som Hans opphøyelse. Før Han kunne dra opp til himmelen og sette seg ved Faderens høyre hånd som vår yppersteprest, så måtte Han først stige ned til jordens laveste nivå (**Efeserne 4,8-10, Salme 16,10**).

Han måtte ta på seg vår fattigdom før Han kunne gi oss sin rikdom.

For dere kjenner vår Herre Jesu Kristi nåde,
at han for deres skyld ble fattig da han var rik,
for at dere ved hans fattigdom skulle bli rike.
2 Korinterbrev 8,9

Sannelig, sannelig sier jeg dere: Hvis ikke
hvetekornet faller i jorden og dør, blir det bare det
ene kornet. Men hvis det dør, bærer det mye frukt.
Johannes 12,24

Herren Jesus er det hvetekornet. Han ydmyket seg selv til døden, døden på korset, og derfor har Gud opphøyet Ham og gitt Ham et navn over alle navn (**Filipperne 2,8-9**).

Forløsning for hele verden! fantastisk emne;
Flyt videre, dere toner, i en himmelsk strøm
Av lovprisning, takksigelse, velsignelser til navnet
Til Ham som sendte, til Ham som kom;

Kom til en verden, forurenset og skitten,
Kom til å bli spottet, pisket og korsfestet.
Fantastisk emne! Immanuel stønnet og døde.

Denne bedekningen av takasskinn var tykk nok til å være en effektiv beskyttelse for regn, dugg og fin sand fra ørkenen, og ingenting kunne komme gjennom det og skitne til det fine linet eller formørke gullet på innsiden. Dette er for oss skygger av en hellig bestemmelse fra Kristus om å stå som trofaste og sanne vitner for Gud på jorden. Sannheten var i Ham, og Han beholdt det helt til slutten. Fristelser kan komme fra alle retninger og på mange måter, men Han var beviset mot dem alle. Ikke en gang en tanke eller lyst kunne trenge inn i Hans sinn for å forurense det. Jeg tenker på Ham som ble fristet på alle måter, slik som oss, men aldri ble overvunnet. Han ga aldri etter ett øyeblikk for det onde, verken i tanke, ord eller gjerning.

All rettferdighet oppfylte Han,
Han kjente ingen synd;
Han handlet aldri syndig:
Hvorfor ble Han skadet slik?

DEL 8
RØDFARGET VÆRSKINN

Værer var rene dyr og ble gitt som ofringer til Gud. Vi kan lese om dette i følgende skriftsted:

> *Abraham så da opp, og se – bak ham var det en vær*
> *som hang fast etter hornene i et kjerr. Abraham*
> *gikk da bort og tok væren, og han ofret den som*
> *brennoffer istedenfor sin sønn.*
> **1 Mosebok 22,13**

Væren døde, men sønnen levde. Den væren var et bilde av Kristus som døde på korset, det dødens tre, slik at Han kunne bringe oss til livets tre.

> *Fullt ut kjenner vi fortellingen om Edens tap,*
> *Og hvilket tap som kan repareres med Hans liv;*
> *Hvem sin hæl må lide, forslått på korset,*
> *Og hvem sitt hode Han skulle trampe på der.*
> *Når på livets tre han festet sitt øye,*
> *Så han at det fortalte om Ham som kom for å dø.*

Det røde dekket var antakelig laget av værskinn som var blitt ofret til Gud, og hadde lidd døden som et brennoffer – ikke som et syndoffer. Skinnet til syndofferet ble brent til aske utenfor leiren (**3 Mosebok 4,11-12**), men skinnene til brennofferet tilhørte prestene som ga det til Gud (**3 Mosebok 7,8**). Dersom takasskinnet fremstiller ydmykheten til Kristus, så gir denne bedekningen av rødfargede skinn et bilde av dybden på Hans ydmykhet. Her ser jeg Kristi hengivenhet. Når Han så lidelsens time komme, når Han måtte knuses under den tunge vekten av sitt folks synder og skyld, til og med inntil bortgjemmelsen av Faderens ansikt, sa Han: «Nå er min sjel forferdet! Og hva skal jeg si? Far, frels meg fra denne time! Men nei, derfor er jeg jo kommet til denne time. Far, herliggjør ditt navn!» (**Johannes 12,27-28.**)

Og når døden i sin mest fryktelige form stod foran Ham, sa Han: «Ikke min vilje, men din vilje skje.»

Jeg liker å stå her og tenke på Ham som var viet til døden med hele livet sitt, som ikke sparte seg selv men var

> *Ydmyk som et lam under klipperens hender;*
> *Stum som en sau lydig til kniven.*

Dette blodrøde skinnet minner meg om Ham som når Han ble presset, knust og fortvilet i Getsemanehagen, «og svetten hans ble som bloddråper som falt ned på jorden» (**Lukas 22,44**).

Han ble døpt i blod. Huden Hans og klærne Hans ble farget røde med Hans eget blod. Jeg finner det ikke underlig at mange var forbauset over Ham, for sannelig, «så ille tilredt var han at han ikke så ut som et menneske» (**Jesaja 52,14**); men jeg lurer på hvordan så mange av oss kan vite om dette og likevel bare føle kulde for Ham.

Del 9
Bedekningen av geitehår

Duker av geitehår, sammensatt av elleve bredder, dannet bedekningen som kalles teltet. Den ellevte bredden hang over døren til tabernaklet slik at det helt dekket krokene av gull og de fem vakre stolpehodene på de fem søylene ved døren, fra dem som stod på utsiden, men ikke fra dem som stod på innsiden. Dette var den eneste bedekningen som var tillatt til å henge over den østre enden av tabernaklet. Den ellevte bredden som hang over døren, ville møte øynene til tilbederen i det øyeblikket han kom innenfor porten. Den åndelige læresetningen fra dette tror jeg har den ytterste viktighet, som vi skal se når vi forstår hvilket bestemt aspekt ved vår velsignede Jesus denne bedekningen var designet til å gi.

Observer aller først at skinndekningen, hvis blod var brakt inn til det aller helligste og stenket på nådestolen og foran nådestolen for å sone for Israels folk, var en geit (**3 Mosebok 16,15-16**). Dette var blodet som ble stenket, noe vi leser ofte om i Bibelen. Med dette blodet i hendene kom ypperstepresten inn foran Gud en gang i året. Dette var blodet som han ofret for folkets syndige gjerninger, og som ga soning for dem. Dette var blodet som Gud så på og ble tilfredsstilt ved, og som var et bedre offer enn Abels offer. Når det ble stenket på nådestolen, som skjulte lovens tavler, synes det å tale til Gud om dommen som hadde blitt båret av ett liv som var blitt ofret. Gud hørte dens stemme, og Han ble tilfredsstilt, og livene til folket ble spart.

Ypperstepresten som presenterte blodet av geiten som var blitt slaktet som et syndoffer, var begge bilder på Jesus Kristus som «gikk ikke inn i en helligdom som var gjort med hender og bare er et bilde av den sanne helligdom. Han gikk inn i selve himmelen for nå å åpenbares for Guds åsyn for vår skyld.» (**Hebreerne 9,24**).

*Ikke med blod av bukker og kalver, men med sitt
eget blod gikk han inn i helligdommen en gang for
alle, og fant en evig forløsning. For så sant blodet
av bukker og okser, og asken av en kvige, helliger
til kjødets renhet når det blir stenket på dem som er
urene, hvor meget mer skal da Kristi blod – han
som i kraft av en evig Ånd bar seg selv fram for
Gud som et lyteløst offer – rense vår samvittighet
fra døde gjerninger så vi kan tjene
den levende Gud!*
Hebreerne 9,12-14

Observer på ny at dyret som bar bort folkets synder ut i ødemarken, hvor de ikke kunne bli funnet igjen, var en geit. Jeg refererer til syndebukken som vi leser om i **3 Mosebok 16**. Jeg håper leserne vil lese dette kapittelet om og om igjen, og at han eller hun vil bli tilfredsstilt ved å se inn i det, og at han eller hun vil utforske dets dybder og finne de velsignede evangeliske sannhetene som er søtere enn honning og mer dyrebare enn gull.

Denne geiten, som løp vekk med folkets synder, skulle vise de utenfor tabernaklet hva blodet fra en slaktet geit hadde gjort innenfor forhenget, at den hadde tatt vekk synden og satt dem fri. Og mens de betraktet dette skinnet av geitehår som hang over den østlige enden av tabernaklet, synes det å forkynne evangeliet til dem og minne dem på hvordan synden deres ble fjernet på den tiende dagen i den syvende måneden. Det ville vitne om rik nåde og fortelle dem at de hadde mottatt dobbelt med nåde for alle sine synder.

Den første bedekningen fortalte oss om Kristi ydmykhet. Den neste fortalte oss om dybden på ydmykheten Hans. Denne forteller oss om de velsignede resultatene av Hans lidelse og død, det at syndene til Herrens etterfølgere er fjernet langt vekk for all evighet. Det forteller oss at «så langt som øst er fra vest, lar han våre misgjerninger være langt fra oss» (**Salme 103,12**).

Det forteller oss at synden, som avskjærer menneskene fra å ha fellesskap med Gud, nå er fjernet, og at det levende fellesskapet med Gud kan nå bli gjenopptatt. Synden hadde dannet en stor kløft mellom menneskene og Gud, men ved forløsningen som vi har gjennom Jesu blod, er det bygget en bro over den store kløften. Over den broen kommer Jehova til oss og forteller oss om sin kjærlighet og gode vilje – «forlikte verden med seg selv, så han ikke tilregnet dem deres overtredelser og la ned i oss ordet om forlikelsen» (**2 Korinterbrev 5,19**).

Dekket av geitehår synes å si til den trette sjelen:

Se Guds Lam! Se, tro og lev;
Se det altsonende blodet, og motta livet.

Se Guds Lam! Se Ham på treet;
Selv om troens øyne er dempet, Så ser Han på deg.

DEL 10
DEN VAKRE TILDEKNINGEN

La oss nå se på de innerste gardinene, som ble kalt tabernaklet, den eneste tildekningen som kunne sees av prestene når de var inne i helligdommen. De var laget av fint lin, av blått, lilla og karmosinrødt, materialer som ble arrangert til å forme vingene av kjerubene. Dette ville bli en koloss av en kjerub komponert av blandede blå, lilla og rødfarget ull, sydd med nåler på det rene, hvite linet i bakgrunnen. De briljante og utvidede fjærene til kjeruben ville danne taket på rommet hvor prestene tjente framfor Herren.

Den ytterste bedekningen var av takasskinn. Alle kunne se den bedekningen, men det var ingen skjønnhet i den. Men den innerste tildekningen, som ikke kunne sees av folk på utsiden, var fylt av skjønnhet. Denne bedekningen fremstiller den gjennomskuelige skjønnheten, usigelige skjønnheten, umålbare og uendelige fortreffeligheten av vår underfulle Jesus. Og akkurat som bare prestene så dette, er det bare Herrens folk – de åndelige prestene – som kan se skjønnheten ved Kristi person. Millioner av mennesker kan bare se takasskinnene når de ser på Kristus, og mange av Herrens folk kan ikke se lengre enn de rødfargede værskinnene. Det er en stor velsignelse å få se så mye av Kristus, og enda større velsignelse å se Ham fremstilt med en bedekning av geitehår, og å kjenne Ham som vår frikjøper, som har fjernet all synd og brakt oss til Gud.

Klare syn på Kristi arbeid vil roe samvittigheten og gi hvile til de bekymrede sinn. I bedekningene som har blitt betraktet, har vi sett Kristi arbeid, men i den vakre tildekningen vi nå ser foran oss, ser vi et bilde av den dyrebare personligheten til Kristus som gir hvile til hjertet. Når vi ser Ham som den vakreste og mest elskelige personen i universet, blir Han det største målet for vår kjærlighet. Våre beste følelser blir så plassert i Ham, og vi hviler i Kristi kjærlighet, med full godkjenning av samvittigheten og uten noen ulemper i det hele tatt. Dette er sann lykke, som ingenting på jorden kan forstyrre, og som fortsetter i evighet.

La en mann eller kvinne feste øynene sine på Kristus slik som Han blir fremstilt på denne tildekningen, så vil han føle at han blir løftet ut av Romerbrevets syvende kapittel, hvor det er liv men ikke frihet, og han vil bli satt ned på den grønne beitemarken i det åttende kapittelet, men «ingen fordømmelse», som de første ordene i kapittelet sier, og «ingen adskillelse», som de siste ordene i kapittelet sier. Men hele rommet mellom det første og det siste verset blir fylt med den beste maten en kristen kan lyste etter. Eller, for å bruke et annet bilde, kan jeg si at et riktig syn på Kristi personlighet vil ta en mann eller kvinne ut fra den febrilske regionen til Predikerens bok, hvor det ikke finnes annet enn rastløshet, skuffelse og ergrelse i sjelen, og plassere ham eller henne i den hagen som beskrevet i Salomos høysang, hvor en kan sitte under kjærlighetens banner, plukke frukt fra livets tre og drikke vin av åndelig nytelse.

Det er veldig instruktivt å observere at livkjortelen som yppersteprestene brukte, var laget av samme materiale som bedekningen hadde, som de hadde øynene festet på hver gang han så oppover mot taket på Guds oppholdssted. Og når den kristne ser på Kristus, så full av nåde og skjønnhet, kunne han eller hun også si: «Dette er det navn ha skal kalles med: Herren, vår rettferdighet.» (**Jeremia 23,6, 33,16**).

«For jeg vet at i meg, det er i mitt kjød, bor intet godt» (**Romerne 7,18**), og når vi betrakter oss selv i Kristi nærvær, som er så hellig og vakker, så «angrer vi i støv og aske» (**Job 42,6**). Men når vi blir ikledd kjortelen uten lyte, full av Hans rettferdighet, blir vi vakre og skjønne (**Salomos høysang 7,6**). I oss selv er vi så sorte som teltene i Kedar, men i Kristus er vi fagre som Salomos gardiner (**Salomos høysang 1,5.15**).

Jesus, vår rettferdige Herre!
Du er vår ynde, vår vakre bekledning!
Midt i en flammende verden kan dette sees,
Med glede skal vi løfte opp hodet.

Denne kjortel uten lyte dukker opp,
Når vår ødelagte natur synker:
Ingen tid kan forandre dets glød;
Kristi kjortel er alltid ny.

Og som kjortlene med ære og skjønnhet ble påkledd Aron den dagen han ble innviet til sin tjeneste, og det kostet ham ingenting, slik koster kjortlene som pryder de kristne, ingenting. Det er Guds frie gave, akkurat som klærne som Gud laget for Adam og Eva var frie gaver fra Gud til dem. Men det har kostet vår kjære Jesus mer enn englenes tunger kan uttrykke, eller en engels hjerte kan forstå. Det har kostet Ham så mye at det er forfengelig å forsøke å samle den summen. Og hva skal vi gi tilbake for hele denne manifestasjonen av Hans kjærlighet? Vi vil falle på ansiktene våre foran Ham og rope: «Jesus Kristus, det troverdige vitne, den førstefødte av de døde og herskeren over kongene på jorden. Han som elsket oss og løste oss fra våre synder med sitt blod, og som gjorde oss til et kongerike, til prester for Gud, sin Far – ham være æren og makten i all evighet. Amen.» **(Johannes' åpenbaring 1,5-6.)**

La også den kristne huske på at Herren Jesus Kristus er en virkelig person, og i Ham har vi en levende, personlig venn, en som virkelig elsker oss og aldri glemmer oss. Å, tenk på Ham! Ikke bare på gavene Hans, men på Ham som gir gavene, giveren; ikke bare på løftene, men på Han som gir løftene. Tenk på Ham, ikke som et barn i krybben, eller hengende på et kors, eller liggende død i Josefs grav, hvor dyrebare disse bildene enn er. Men tenk på Ham som den oppstandne, evig levende – som vår egen kjære Frelser som venter på oss ved Guds høyre hånd hvor der er en fylde av lykke og glede i all evighet (**Apostlenes gjerninger 7,55, Salme 16,11**). La språket vårt overfor Ham være:

Usett elsker vi Deg, holder av Ditt navn;
Men når øynene våre ser,
Med lykkelig undring bryter vi ut,
«Halvparten er ikke blitt sagt!»

Der er en ting til som kan settes i forbindelse med denne tildekningen som vi må ta i betraktning før vi forlater dette emnet: figurene av kjeruber som kunne sees her og på sløret som delte det hellige fra det aller helligste. Kjerubene synes for meg å symbolisere Guds store kraft som Han oppnår både sin nåde og dom med. De er eksekutører av Hans vilje. Om prestene så på sløret som var foran dem, eller bedekningen som var over hodene deres, så møtte alltid disse symbolene på Guds store kraft øynene deres. Disse kjerubene representerer Kristus. All makt er gitt til Ham.

Guds store kraft er i hendene på Ham som er vår personlige venn, og Han bruker den kraften for vårt gode. Som prestene ble beskyttet under vingene til kjerubene, slik finner også den kristne tilflukt under skyggen av Jehovas vinger (**Salme 57,2**).

La meg bo i ditt telt i all evighet,
la meg finne ly i dine vingers skjul! Sela.
Salme 61,5

Med sine vingefjær dekker Han deg,
og under hans vinger finner du ly.
Salme 91,4

For du har vært min hjelp,
og under dine vingers skygge jubler jeg.
Salme 63,8

Akkurat som høna samler kyllingene sine under vingene sine, slik samler Herren Jesus sine egne og dekker dem med sine fjør.

I Deg ser vi ære,
Av sikkerhet, styrke og skjønnhet;
Og all vår hvile og fred skal sees
Vår helligdom, Herre, i Deg.

Og fiender og frykter til tross,
Gjemmer Du oss i Deg;
Og mens vi hviler våre sjeler i Deg,
Vær Du vår helligdom.

Del 11
Porten, døren og forhenget

Den eneste veien inn til forgården var gjennom porten. Den eneste veien inn til det hellige var gjennom døren, og veien inn til det aller helligste var gjennom forhenget som delte det hellige fra det aller helligste. Hvert av forhengene var laget av blått, lilla, karmosinrødt og fint lin. Porten hang fra fire søyler som stod i holdere av messing, og krokene var av sølv. Det var i midten av forgårdens østlige ende.

Døren til tabernaklet hang fra fem søyler dekket av gull, og krokene deres var av gull, men de stod i holdere av messing. Denne gardinen var i den østre delen av tabernaklet.

Forhenget var en annen dør – en indre dør til et indre rom – det aller helligste hvor Jehova oppholdt seg. Denne gardinen hang fra fire søyler dekket med gull, og krokene var av gull, men holderne var av sølv.

Den porten, døren og sløret representerer Jesus Kristus, den gudommelig utnevnte veien til kirken som er Guds hus, inn til Farens kongerike, inn til de helliges privilegier, inn til fellesskapet til Jesu sauer, inn til Guds favør og vennskap, inn til selve himmelen, noe som ingen med undervisning av Gud vil benekte (**Johannes 10,1-9, 14,6**).

Og likevel forsøker mange å komme til himmelen ved å bruke døren som kalles rettslig rettferdighet – ved hjelp av sin egen personlige lydighet til Guds hellige lov. Det var en åpen dør før syndefallet, men når mennesket syndet, ble den døren stengt og Gud spikret den igjen, og den vil aldri bli åpnet igjen. Menneskene vil kanskje banke lenge og høylydt på denne døren, men den kan aldri, aldri bli åpnet på ny.

Men Gud har gitt oss en annen dør, som Han kaller en ny og levende vei inn til det aller helligste. Denne veien er innviet – gjort ny – for oss, gjennom forhenget, de vil si, Hans kjød (**Hebreerne 10,19-20**).

Hva var det som kom mellom oss og Gud og har avskåret oss fra fellesskapet med Ham? Var det ikke synd som virket i våre syndige og korrupte natur? Men Kristus kom i skikkelsen til det syndige kjødet og ved et syndoffer, og han fordømte synden i kjødet (**Romerne 8,3**). Han tok vårt sted og satte seg selv mellom oss og Gud, slik at Han kunne dø i vårt sted og på den måten åpne en vei for oss til Gud. Og når Han døde, ble forhenget revnet, og vi fikk en ny vei inn til det aller helligste (**Matteus 27,51**).

Nå finnes det ingenting mellom synderen og Gud unntatt Kristus, og Han er den åpne døren, det revnede forhenget, den nye veien til Gud. La alle som er lei av synden sin, komme til Jesus, som frelser sitt folk fra syndene deres (**Matteus 1,21**).

La alle trengende sjeler komme. Veien er nå åpen til alteret hvor rettferdiggjørelse kan oppnås, til vaskefatet hvor renhet kan oppnås, til det hellige hvor både lys og mat kan nytes, og til tronen hvor nåde kan oppnås, og hvor nåde finnes (**Hebreerne 4,16**).

Ånden og bruden sier: Kom!
Og den som hører det, la ham si: Kom!
Og den som tørster, han får komme.
Og den som vil, han får ta livets vann uforskyldt!
Johannes' åpenbaring 22,17

Del 12
Det gylne alteret

Så skal du lage et alter til å brenne røkelse på. Av akasietre skal du lage det. Det skal være en alen langt og en alen bredt, firkantet, og to alen høyt. Hornene på det skal være i ett med alteret. Du skal ikle det med rent gull både ovenpå og på sidene rundt omkring og på hornene. Og du skal lage en gullkrans på det rundt omkring. Du skal lage to gullringer til det og sette dem nedenfor kransen. På begge sider av alteret skal du sette dem, to på hver side. De skal være til å stikke stenger i, så alteret kan bæres med dem. Stengene skal du lage av akasietre og kle dem med gull. Du skal sette alteret foran forhenget som henger foran vitnesbyrdets ark, foran nådestolen som er over vitnesbyrdet, der hvor jeg vil komme sammen med deg. Og Aron skal brenne velluktende røkelse på alteret. Hver morgen når han steller lampene, skal han brenne den.

*Og når han setter lampene opp mellom de to
aftenstunder, skal han også brenne røkelse. Det
skal være et stadig røkoffer for Herrens åsyn hos
deres etterkommere. Dere skal ikke ofre fremmed
røkelse på alteret. Dere skal heller ikke ofre
brennoffer eller matoffer der, og dere skal heller
ikke helle ut drikkoffer på det.*
2 Mosebok 30,1-9

Nå som vi har kommet inn til det hellige, vil vi nå se oss rundt og utforske «møblementet» vi finner her. Omtrent midt i rommet, og ikke langt fra opphenget som kalles forhenget, står det et røkelsesalter. Det er firkantet, og det er dobbelt så høyt som det er langt. Det er en alen, det vil si cirka en halv meter, i lengde og bredde. Høyden var to alen, eller cirka en meter.

På toppen av det står en panneformet beholder, et røkelseskar i gull, hvor kull (stykker av tre tatt fra kobberalteret) brenner. Det finnes ingen skorstein som tar røyken ut, så rommet er fullt av røyk, men røyken er så behagelig at vi føler at vi ikke har lyst til å være foruten den. Duften er søtere enn noe vi noensinne har luktet tidligere. Men det er ikke veden som gir slik søt lukt når den brenner. Det er røkelsen som ypperstepresten har tilført det brennende kullet som lukter så herlig, og som vi nå føler så forfriskende i ånden.

Denne røkelsen var laget av fire søte typer krydder som ga fra seg denne lukten når de brant. Den søte lukten deres merkes ikke før de legges på ilden, når lukten som blir sendt ut gjennom røyken er veldig takknemlig. Ingrediensene blir nevnt i **2 Mosebok 30,34-35**. De fire krydderne skulle ha samme vekt, bli banket så de ble små, og folk skulle ikke produsere noe til eget forbruk. Ypperstepresten ville fylle røkelseskaret med nytt kull og legge på røkelse hver morgen og hver kveld når han trimmet lampene i det hellige, slik at det ville være en søt lukt for Herren der både morgen og kveld. Det ble kalt for «et stadig røkoffer for Herren» (**2 Mosebok 30,8**) fordi det brente både natt og dag, og røyken steg hele tiden foran forhenget og passerte gjennom forhenget og passerte under det og ved siden av det inn til det aller helligste foran Herren, som oppholdt seg på nådestolen.

Og den tiende dagen i den syvende måneden, når yppersterpresten gikk inn til det aller helligste for å sone for seg selv og for folket, så bar han det gylne røkelseskaret i hånden sin og plasserte det på gulvet i det firkantede rommet. Han stod foran Gud og stenket blodet syv ganger på nådestolen og foran nådestolen. Han ville være innhyllet i røyk. Klærne hans ville lukte av søt røkelse, og hele rommet ville være fylt med det, og Herrens herlighet ville bli oppmyket av den (**3 Mosebok 16,11-14**).

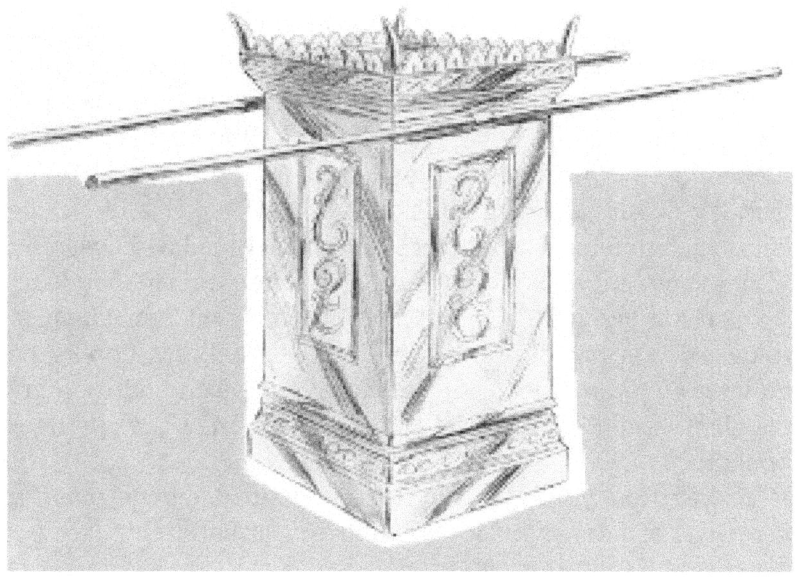

Å brenne røkelse var tilbedelse. Det var et symbol på bønn. «Herre, jeg kaller på deg, skynd deg til meg! Vend øret til min røst når jeg roper til deg! La min bønn gjelde som røkoffer for ditt åsyn! La mine løftede hender gjelde som et aften-matoffer!» (**Salme 141,1-2**). Når morgen- og aftenofferet ble lagt på alteret i forgården, så ble det lagt ny røkelse på røkelseskaret inni tabernaklet. Det er dette salmisten David peker på.

Tiden da offeret ble plassert på messingalteret og røkelsen ble lagt på gullalteret, ser ut til å ha vært bønnetid. Jeg kan forestille meg en from hebreer som har tatt seg en pause under vandringen sin, eller som har stoppet i arbeidet sitt på den tiden da offeret og røkelsen ble fornyet, og satt seg selv i bønnestilling mens han roper til vennene sine:

Kom, det er bønnens tid,
Og nåden lyser over himmelen;
Gud stopper kveldluften,
Slik at de helliges bønner kan stige opp.

Fra **Lukas 1,9-10** ser det ut som om at mange pleide å gå daglig til tempelet på den tiden for å be på den samme tiden som presten brente røkelse framfor Herren. I **Johannes' åpenbaring 5,8** leser vi: «Da det tok boken, falt de fire livsvesener og de tjuefire eldste ned for Lammet. Hver av dem hadde en harpe, og gullskåler fulle av røkelse, det er de helliges bønner.» I **Johannes' åpenbaring 8,3-4** leser vi: «En annen engel kom og stod ved alteret. Han hadde et røkelseskar av gull. Og det ble gitt ham en stor mengde røkelse for at han skulle legge den til de helliges bønner på gullalteret foran tronen. Og røken av røkelsen steg opp fra engelens hånd opp for Gud sammen med de helliges bønner.»

Røkelse er tydeligvis symbolsk, og skriftstedene ovenfor lærer oss at bønner og lovprisning fra de hellige er like søt som røkelsen er. De går direkte til Jesus, vår store Yppersteprest som selv er gullalteret i himmelen, som venter på de helliges bønner fra jorden. Disse er helliget av den søte røkelsen av hans egne meritter presentert for Gud. Bønn som er gitt må få svar.

Den kristnes hjerte tiltaler bønnene,
Han snakker som om bedt innenfra:
Ånden skriver bønneemnet hans,
Og Kristus mottar og gir det.

Stol på Ham; du kan ikke feile:
Gjør alle behov og ønsker kjent;
Frykt ikke: hans meritter må seire;
Be om hva du vil, og det skal skje.

Leter du etter bønnesvar? Venter du på Herren og føler at før eller senere vil enhver sann bønn motta et svar? Vi er dårlige til å dømme hvordan og når det er best for Gud å svare oss. Noen ganger vet Gud at det riktige er å la oss vente en stund før Han forteller oss at bønnen vår er hørt, at bønnene våre er innfridd og at vi kan vente litt for forespørslene vi stiller, og så skal vi bli rikelig belønnet. Men noen av oss kan ikke vente så lenge. Vi må ha svar med en gang, for ellers vil vi synke ned i motløs sløvhet og føle som om all troen vår er borte.

Noen ganger svarer Herren bønnene våre på en veldig annerledes måte enn hva vi hadde forventet oss. Han gir oss ikke det vi har bedt om, men Han gir oss noe enda bedre – noe som Han ser vil være bedre for oss. Paulus hadde en torn i kjødet, og det var til stor plage for ham, så han bad Gud om å fjerne den. Tornen ble værende, så han ba Gud en gang til om å fjerne den. Fremdeles var tornen der, og den var like plagsom som før. Så, den tredje gangen som han ba Herren om å fjerne den, så svarte Herren ham, men ikke ved å fjerne tornen, for Han visste at Paulus ikke hadde råd til å miste den. Gud så hva behovet virkelig var, og sa derfor: «Min nåde er nok for deg.»

Han tillot denne Satans budbringer å forbli der og plage Hans kjære tjener slik at dette kunne beskytte ham fra et mye større onde. Men som bønnesvar trøster Han hjertet hans med en forsikring om sin egen opprettholdende nåde (**2 Korinterbrev 12,1-10**).

Det er ikke bare bønnen og lovprisningen vår som blir sammenliknet med røkelse, men vår tjeneste for Gud blir også kalt for et søtt luktende offer. Når Paulus var fange i Roma, så var de åndelige barna hans i Filippi så beveget på hans vegne at de sendte ham litt lindring. Dette fremkalte brevet vi nå kaller for Paulus brev til filipperne, hvor han sier: «Men nå har jeg mottatt alt og har overflod! Jeg har fullt opp etter at jeg har fått gaven dere sendte med Epafroditus. Den er en vellukt, et offer som Gud gjerne tar imot og som er til behag for ham.» (**Filipperne 4,18.**)

Disse to avgreningene av prestens tjeneste som alle kristne er privilegert til å delta i, er klart beskrevet i **Hebreerne 13,15-16**, hvor apostelen sier: «La oss derfor ved ham alltid bære fram lovprisningsoffer til Gud, det er: frukt av lepper som priser hans navn. Men glem ikke å gjøre godt og dele med andre. For slike offer er til behag for Gud.»

Lovprisning til Gud og velvilje til menneskene er to store grupper av åndelige offer som den åndelige presten er tillatt å ofre til Gud. Takknemlig lovprisning burde strømme uavbrutt fra leppene, og hånden burde holdes frem å for tjene for menneskelige behov. De kristne er medlemmer av «et åndelig hus, et hellig presteskap», og de skulle «bære fram åndelige offer, slike som er Gud til behag ved Jesus Kristus» (**1 Peter 2,5**).

Men vi må ikke glemme at røkelsen også representerer merittene og forbønnen til Herren Jesus Kristus. Det er ved Ham at bønnene våre og tjenesten vår blir akseptabel framfor

God. Hans meritter gir søthet og lukt til de ellers verdiløse bønnene, lovprisningene og arbeidet til Herrens etterfølgere. Den vedvarende og herlige duften av røkelsen som ble ofret på gullalteret, var et passende emblem for den vedvarende søtheten og duften av vår Guds offer og Hans forbønn. Det var å bli hamret liten og så lagt på flammene, når den minste klypen av krydder ville bringe frem den søteste duften.

Guds helligdom testet Herren Jesus, og Han viste seg å være en vidunderlig duft. Det som Han led, bare brakte frem den nåden som var inni Ham. Flammene brakte frem nåden som ellers ville ha unngått vår oppmerksomhet, for mye av den nåden som ble manifestert i livet Hans, ble kalt fram i hver ildprøve som Han gikk igjennom. Og hvert ord, hver bevegelse, hvor liten den er var, sendte ut en søt duft som gledet Gud.

Denne dyrebare parfymen representerer uten tvil den umålte og umålbare perfeksjonen til Jesus Kristus. I Ham er nåde, skjønnhet og fortreffelighet uten grenser. Og når alle disse krydderne blir blandet sammen før de blir lagt på flammene, blir all fortreffeligheten til Jesus blandet sammen, og vi får en karakter i Ham som aldri har blitt sett tidligere. Og denne mannen, Jesus Guds Sønn, er vår yppersteprest som har dratt inn i himmelen for å komme frem for Guds åsyn på vegne av oss.

I himmelen står Han foran tronen,
Den store ypperstepresten der oppe.
«Melkisedek!»
Det navnet alene Kan fjerne syndens mørke flekker;
Til Ham kan jeg se på bøyde knær,
Og høre det søte «Absolvo te».

Del 13
Bordet med utstillingsbrødet

På den nordlige siden av det hellige stod gullbordet (**2 Mosebok 40,22-23**). Det var cirka 50 centimeter bredt, 101 centimeter langt og 76 centimeter høyt (**2 Mosebok 25,23**). Instruksjoner om hvordan brødet skulle ligge, ble gitt i **3 Mosebok 24,5-9**.

Brødet var laget av fint mel og var usyret. Det ble plassert på bordet på sabbatsmorgenen og ble liggende der foran Herren til neste sabbat da det ble fjernet og lagt i en kurv som Aron og sønnene hans kunne spise fra, men de måtte spise det i det hellige. Så kom man med tolv nye brød og la dem i to bunker på det rene bordet.

Brødet representerer Kristus, «det levende brød som er kommet ned fra himmelen» (**Johannes 6,51**). «Brødet som vi bryter, er det ikke samfunn med Kristi legeme?» (**1 Korinterbrev 10,16.**)

Tabernaklet var oppholdsstedet for Israels største konge. Prestene var tjenerne Hans som tjente i det huset. Og Jehova hadde et bord for tjenerne sine; eller: Han mettet dem fra sitt eget bord.

Dette brødet var laget av fint mel. Fint mel er brødkorn som har blitt forslått til det er glatt og jevnt. Kristus er brødkornet som ble forslått, og i Ham er det ingen røffhet eller ujevnheter. I oss er der mye ujevnheter. Vi er myke og glatte en dag og forandret og ujevn neste dag. Men slik var det ikke med Kristus. Omstendighetene Han ble plassert i forandret seg hele tiden, men likevel forble Han alltid den samme – uforandret og uforanderlig.

Surdeig er bildet på det onde. Det er korrupt og en ødeleggende ting (**Matteus 16,6-12, Markus 8,15, Lukas 12,1, 1 Korinterbrev 5,6-8, Galaterne 5,9**). Kristus var foran Gud hele livet sitt, akkurat som brødet var foran Gud i tabernaklet i syv dager. Tallet syv er et bilde på fullkommenhet. Det er en komplett periode. Og akkurat som Gud ikke fant noe gjær i brødet når det lå foran Ham på bordet, så fant Han intet ondt i Jesus gjennom Hans liv på jorden. Akkurat som brødet ble tatt fra bordet og gitt til prestene, slik ble Kristus gitt til de troende, de åndelige prestene, slik at de kunne leve ved Ham.

Han er vår mat, vårt daglige brød. Og akkurat som vi må ha brød hver dag på bordene våre, samme hvilken søt eller salt mat vi har i tillegg, så må vi på samme måten fores på Kristus hver dag. Vi kan ha mye annet og mange andre venner, men vi kan ikke klare oss uten Kristus.

Kristus er mat for troen vår, for vår tro er sterkest og renest når vi tenker minst på troen vår og mest på Jesus, forfatteren og behandleren og vår gjenstand for tro. Kristus er maten for håpet vårt, for vi kan ikke ha noe håp om himmelen uten Ham. Han er maten for gleden vår. «For det er vi som er de omskårne, vi som tjener Gud i hans Ånd og roser oss (gleder oss) i Kristus Jesus.» «Gled dere i Herren alltid! Igjen vil jeg si: Gled dere!» (**Filipperne 3,3, 4,4**). Vil du ha glede? Da må du ha Kristus. Når Han kommer inn i hjertet, bringer Han med seg nok glede til en fest både for Ham og for sjelen (**Johannes' åpenbaring 3,20**).

Let gjennom hele skaperverket,
Glede uten Kristus finnes ei.

Kristus er mat for kjærligheten vår. Jeg kunne aldri ha elsket Gud dersom jeg ikke hadde sett Ham i Kristus. Kristus er beviset og uttrykket for Guds store kjærlighet for menneskene, og når jeg ser dette, fungerer troen min av kjærlighet og drar meg mot Gud, og jeg synger: «Jeg elsker Ham fordi Han først elsket meg!» Dess mer jeg mediterer på Kristus, dess varmere og renere blir min kjærlighet til Gud. Jeg kan ikke elske Gud ved å forsøke å elske Ham, men når jeg ser og føler at Gud elsker meg, syndig som jeg er, og det som blir sett i Kristus for Ham er den mest elskelige og elskbare vesenet i hele universet, så føler jeg kjærlighet, glede og fred velle opp inni hjertet mitt, og jeg finner hvile med en gang.

Ingen kan være sunne og sterke dersom de ikke får mat, og ingen sjel kan være virkelig sunn som ikke mates med Jesus Kristus. Å spise en bok er å betrakte den grundig. Å ete kjødet og drikke blodet til Kristus er å betrakte Ham med tro og kjærlighet, det er å motta Ham i hjertene våre. Dette er forfriskende for sjelen, tilfredsstillende for sjelen og uforgjengelig føde fra Faderens hus. Å mates av denne velsignede maten vil hindre oss i å lengte etter slapset som grisene spiser. I Kristus har Gud forsørget en fest for svake og sultne sjeler, og sultne sjeler mottar Ham med takknemlighet, men de andre snur seg vekk.

Bare prestene kunne spise dette brødet (**Matteus 12,4, Markus 2,26**). En mann må i dag være en prest før han kan entre inn i det sanne tabernaklet og ete maten i Faderens hus. Prestene kunne ikke spise utstillingsbrødet utenfor tabernaklet; de måtte spise det inne i det hellige (**3 Mosebok 24,9**). Så en mann måtte være hellig for å kunne finne full fornøyelse i Kristus. Glede og hellighet er tvillingsøstre, og de går side ved side. De blir aldri adskilt, så du kan ikke ha det ene uten det andre. Dess mer vi fester med dette himmelske brødet, dess helligere og lykkeligere blir vi. Å forsømme denne daglige maten vil gjøre oss mindre lykkelige og mindre hellige.

Dette brødet kostet ikke prestene noe. Alt de måtte gjøre, var å motta det og spise det. Slik er Kristus også Guds frie gave. Han er maten som den store Faderen har besørget for sine barn. De skal ikke betale for det. De ganske enkelt nærmer seg bordet som deres elskede Far har dekket for dem, og de spiser mens de takker Gud. Men selv om maten ikke koster oss noe, så må vi aldri glemme at det kostet Faderen en stor sum. Vi dekker bordet for våre barn, og vi ønsker dem velkommen til bordet, men de har ingen tanker for omsorgen og problemene foreldrene har hatt når de har ordnet dette for dem. Og vi er tilbøyelige til å glemme at det som var en gratis gave til oss, har kostet Faderen veldig mye.

Spise og drikke er handlinger som vi ikke kan gjøre for hverandre. Det kan hende at maten er veldig god, men det gir oss ikke styrke og næring for kroppen før vi spiser det. Ved å gjøre dette blir maten min. På samme måten må vi ta imot Kristus ved tro og motta Ham for oss selv. «Sannelig, sannelig sier jeg dere: Dersom dere ikke eter Menneske-sønnens kjød og drikker hans blod, har dere ikke liv i dere!» (**Johannes 6,53**).

Hyll deg, Livets Brød!
Du er Guds rikeste gave.
Her, langt borte fra bråk og stri,
Til deg løfter vi våre hjerter.

Hyll Jesus, Guds Lam!
Ditt kjød er sannelig føde;
Hyll deg, slåtte stein!
Fra deg fløt det en strøm for alle trengende.

Del 14
Den gylne lysestaken

Så skal du lage en lysestake av rent gull. I drevet arbeid skal lysestaken lages. Både foten på den og stangen, begrene, knoppene og blomstene skal være i ett med den. Seks armer skal gå ut fra lysestaken, tre armer fra den ene siden og tre fra den andre. Det skal være tre mandelformede beger på den første armen, med knopp og blomst, og tre mandelformede beger på den andre armen, med knopp og blomst, slik skal det være på alle de seks armene som går ut fra lysestaken. På selve lysestaken skal det være fire mandelformede beger med knopper og blomster. Det skal være en knapp under de to første armene på lysestaken, og en knopp under de to neste, og en knopp under de to øverste – en knopp under hvert par av de seks armene på lysestaken. Både knoppene og armene skal være i ett med den. Alt sammen skal være ett drevet arbeid av rent gull.

Så skal du lage sju lamper til lysestaken. Lampene skal settes opp slik at lyset faller rett fram for den. Lysesaksene og brettene som hører til lysestaken skal være av rent gull. En talent rent gull skal dere bruke til lysestaken og alle disse redskapene. Se nå til at du gjør alt dette etter det bilde som ble vist deg på fjellet!
2 Mosebok 25,31-40

Herren talte til Moses og sa: Byd Israels barn at de skal la deg få ren olje av knust oliven til lysestaken, så lampene kan settes opp til enhver tid. Utenfor vitnesbyrdets forheng i sammenkomstens telt skal Aron alltid holde dem i stand fra kveld til morgen for Herrens åsyn. Det skal være en evig lov for dere, fra slekt til slekt. På lysestaken av rent gull skal han alltid holde lampene i stand for Herrens åsyn.
3 Mosebok 24,1-4

Og du skal befale Israels barn at de skal la deg få ren olje av knuste oliven til lysestaken, så lampene alltid kan holdes brennende.
2 Mosebok 27,20

Lysestaken satte han i sammenkomstens telt midt imot bordet ved sørveggen i tabernaklet og satte opp lampene for Herrens åsyn slik som Herren hadde befalt Moses.
2 Mosebok 40,24-25

Dersom du som leser, har lest de overforstående versene med ydmykhet, så vil du nå kunne snu deg sammen med meg mot den vakre, syvarmede lysestaken som stod på sørsiden av tabernaklet.

Der var ingen vinduer i tabernaklet. Alt det naturlige lyset var holdt utenfor rommet hvor prestene tjente. De hadde lys når de var i det hellige. De levde og vandret i det lyset når mørket hadde senket seg i ødemarken utenfor, men det var ikke lyset fra solen som skinner både på den gode og den onde. Lyset deres kom fra den syvarmede lysestaken, og den lyste både natt og dag, vinter og sommer, på de som var innenfor. Intet av dette lyset falt på dem som var på utsiden.

Den var laget av et talent med gull, noe som for cirka 1000 kroner per unse ville bli et svimlende beløp. Den var antakelig hul på innsiden. Den bestod av et fundament og en stokk med syv greiner, tre greiner på hver side og en i midten. Greinene var parallelle med hverandre, og de kom opp i knopper, blomster og skåler som ble plassert i rekkefølge. Det rene gullet ble hamret til vakre og nydelige former. Lysestaken vokste til sin vakre form under hammerens gjentatte slag. Den ble forslått til den var perfekt.

Kristus og menigheten er begge representert her. Fundamentet, stokken og hovedpilarene representerer Kristus. Greinene representerer Kristi menighet. Jesus ble forslått, og de som tilhører Ham, blir forslått. Kristus ble gjort perfekt gjennom lidelse (**Hebreerne 2,10**). «Og da han var fullendt, ble han opphav til evig frelse for alle dem som er lydige mot ham.» (**Hebreerne 5,9.**)

Så jeg kan få kjenne ham og kraften av hans
oppstandelse og samfunnet med hans lidelser, idet
jeg blir gjort lik med ham i hans død.
Filipperne 3,10

Men all nådes Gud, som har kalt dere
til sin evige herlighet i Kristus Jesus,
etter en kort tids lidelse, han skal dyktiggjøre,
stadfeste, styrke og grunnfeste dere.
1 Peter 5,10

Men i samme grad som dere har del i Kristi
lidelser, skal dere glede dere, for at dere også kan
juble i glede når hans herlighet blir åpenbart.
1 Peter 4,13

Disse og mange andre skriftsteder viser at Guds utvalgte kommer under hammeren, og de må lære lydighet fra de lidelsene de lider under. Og alle slagene på det rene gullet blir gjort til det gode, ved å forme og ferdigstille dem, og slagene stopper så snart det ble perfekt, slik at «alle ting samvirket til gode for dem som elsker Gud, dem som etter hans råd er kalt» (**Romerne 8,28**). Men vi må ikke glemme at alt samvirker til gode for oss ved å «bli likedannet med hans Sønns bilde» (**Romerne 9,29**).

Det var yppersteprestens oppgave å avskjære lampene to ganger hver dag da han kom med de gylne knivene sine og fjernet alt det døde materialet som hindret lyset å skinne. Slik går Kristus, vår yppersteprest, mellom sine gylne lysestaker som Han ofte må skjære ned ved å kutte vekk noe som hindrer at lampen kan skinne sitt lys slik som det gjorde før. Når ypperstepresten kom med knivene sine, hadde han med seg oljen sin samtidig. Så når Kristus fjerner noe som vi er glade i, men som hindrer oss fra å gi fra oss det lyset som burde skinne fra oss, så gir Han oss mer av Den Hellige Ånds kraft og nåde, slik at våre lidelser kan gjøre oss til lysere og bedre kristne.

Vi leser om knivene og fatene i forbindelse med lysestaken, men det blir ikke sagt ett ord om en lyseslukker. Ingen lyseslukker var nødvendig fordi lyset aldri skulle slukkes. Vår yppersteprest kommer aldri for å slukke lyset vårt. Han ønsker at det skal brenne så lenge vi befinner oss i ødemarken. La den kristne huske på dette og aldri forveksle knivene med en lyseslukker.

Mens lysestaken stod vendt mot skuebrødene og tillot prestene å finne maten sin, så representerer Den Hellige Ånds lys, som skinner på Kristus, det sanne brødet. Bordet er dekket, maten er der, men uten Den Hellige Ånds lys kan vi aldri finne det. Vi burde takke Gud like mye for Ånden som for Sønnen, for den ene er avhengig av den andre.

> *Kom, Hellige Ånd, kom,*
> *La Ditt sterke lys skinne;*
> *Jag bort all sorg fra oss,*
> *Alt mørke fra våre øyne.*
>
> *Gjenoppliv vår svake tro,*
> *Fjern vår tvil og frykt,*
> *Og tenn en flamme i våre hjerter*
> *Av en kjærlighet som aldri dør.*
>
> *Du renser hjertet,*
> *For å helliggjøre sjelen,*

Å helle friskt liv i hver del,
Og ny-skape alt.

Del 15
Arken og stedet hvor den stod

La oss nå løfte opp forhenget og gå inn i det innerste rommet, det hemmelige stedet til den helligste, plassen som kalles for det aller helligste. Men vi må ikke glemme å ta av oss skoene våre, for dette stedet er hellig grunn, og vi skal stå foran Gud selv.

I dette firkantede rommet, som er cirka 5,5 meter langt, bredt og høyt, stod paktens ark. La oss undersøke denne og forsøke ved Den Hellige Ånds hjelp å finne dens betydning og åndelige applikasjon. Dette var det første som Herren befalte Moses å lage, og det var det eneste som tilhørte tabernaklet som videre ble tatt inn i tempelet. Den var i tabernaklet i omtrent 480 år etter at Moses satte opp tabernaklet for siste gang ute i ødemarken. De andre gjenstandene ble lagt vekk, og større gjenstander erstattet dem, men arken forble den samme.

Stavene ble trukket ut av ringene da den ble satt ned på det gylne gulvet i Salomos tempel. De ga uttrykk for reise og var ikke nødvendige nå som den hadde funnet et hvilested i Guds by og Guds hus. «Prestene bar Herrens paktsark inn på dens plass i husets innerste rom, i Det aller helligste, under kjerubenes vinger. For kjerubene bredte vingene ut over det stedet hvor arken stod, så at kjerubene ovenfra dekket både over arken og bærestengene. Stengene var så lange at en kunne se endene av dem fra Det hellige foran det innerste rommet, men ikke utenfra. Og der har arken vært til denne dag. Det var ikke noe annet i arken enn de to tavlene som Moses hadde lagt i dem ved Horeb, den gang Herren sluttet pakt med Israels barn da de drog ut av Egypt.» (**2 Krønike-bok 5,7-10.**)

Det aller helligste i Salomos tempel, hvor Gud oppholdt Seg mellom kjerubene, var et bilde på himmelen, så verken stavene, mannaen, eller Arons stav var nødvendige lenger. Manna er mat for ødemarken, og den trengs ikke lengre i himmelen hvor «de skal ikke hungre mer, heller ikke tørste mer» (**Johannes' åpenbaring 7,16**).

Når det gjelder staven som hadde vært i arken, så hadde Gud fått den til å blomstre og vokse frem mandler for å vise at Han hadde valgt Aron til å være prest og å stå som mellommann for dem som ønsket å komme til Gud. Men i himmelen vil det ikke være behov for noen mellommann som kan føre oss til Gud og holde oss der, til tross for alle våre feil, for i Hans nærvær skal vi være fri fra synden, og vi skal aldri noensinne gå vekk fra Gud. Da skal vi

Se den lovede gylne trone,
Den seirende hånd, uvisnelige krone,
Og, mer enn alt, det strålende øye
Hvis glans er kjærlighet og ekstase.

Jeg ser Perleporten åpnes,
Jeg ser gatene av gull,

Jeg ser krystalltårn skinne,
Passe tempel for en hellig Konge.

Inni din hellige hoff finnes
Ingen skjulte bekymringer eller sår,
Intet svakt øye eller tårer,
Ingen hjertebank, tvil eller frykt,
Og skammens begeistring er dempet,
Og lidenskapens storm stilnet.

Det var ingen lysestake i det aller helligste i tabernaklet. Likevel var det fullt av lys, og lyset var mye sterkere enn solens lys midt på dagen, for herligheten som hvilte mellom kjerubene på nådestolen, fylte rommet med et lys som var for blendende for et menneskes øye. Gud selv var dette lyset på dette hellige stedet.

Dette firkantede rommet er også et bilde på himmelen. Johannes sier: «Og jeg så en ny himmel og en ny jord. For den første jord var veket bort, og havet er ikke mer ... Staden ligger i en firkant, lengden er så stor som bredden. Han målte staden med målestaven: Tolv tusen stadier – lengden og bredden og høyden av den er like ... Noe tempel så jeg ikke i staden, for dens tempel er Gud Herren, Den Allmektige, og Lammet.» (**Johannes' åpenbaring 21,1.16.22-23**).

Ingen sterk sol stråler om dagen; om natten,
Ingen blek måne kaster sitt svakere lys;
Men fra den tronen av levende ild,
Hvor den Evige Mester sitter,
Hvor serafer løfter sine høyeste anstrengelser,
For å hylle Lammet som ble slaktet en gang,
Om tro og håp har gått hen,
Gir kjærligheten sin rene stråle;
Det som skinte svakt på jorden før
Stråler nå og brenner evig.

Det er lysets nærvær som lager dagen, og fravær av lys som lager natten. Gud er lys, og ettersom Han alltid satt på nådestolen og fylte rommet med lys, slik kan vi trygt si at det er et sted på jorden hvor det ikke var noen natt. Og Johannes sier om himmelen: «Natt skal ikke være der.» (**Johannes' åpenbaring 21,25.**) Natt og mørke har ingen plass der. De vil være blant de tingene som har forsvunnet for alltid.

> *Å, herlighet og himmelsk glede,*
> *Stedets herlighet,*
> *Hvor Jesus gir de sterkeste stråler*
> *Av Hans overfylte nåde!"*
>
> *Søt, majestetisk og herlig kjærlighet*
> *Sitter smilende på Hans panne;*
> *Og alle de herlige rekkene der oppe*
> *Bøyer seg på ydmyk avstand.*
>
> *Herre, hvor alle våre sjeler er i brann*
> *For å se ditt velsignede bosted;*
> *Tungene våre fryder seg i lovprisning*
> *Til vår inkarnerte Gud.*
>
> *Og mens troen vår nyter dette synet,*
> *Lengter vi etter å forlate leiren vår,*
> *Og ønske at dine ildvogner, Herre,*
> *Skal hente våre sjeler.*

Akkurat som det aller helligste var et bilde på himmelen, så var paktens ark dekket med gull en veldig passende beskrivelse av Jesus Kristus. Den var laget av tre og dekket med gull. Her ser jeg Kristi to personligheter – Hans guddommelighet og Hans menneskelighet. Steintavlene med loven på ble oppbevart i arken. Jesus Kristus hadde Guds lov i hjertet sitt. «Hans Guds lov er i hans hjerte, hans trinn vakler ikke.» (**Salme 37,31**)

*Da sa jeg: Se, jeg kommer, i bokrullen er det
skrevet om meg. Å gjøre din vilje, min Gud, er min
lyst, og din lov er i mitt hjerte.*
Salme 40,8-9

*For Kristus er lovens endemål,
til rettferdighet for hver den som tror.*
Romerne 10,4

«Lovens endemål» forstår jeg å være perfekt lydighet til alle dens forskrifter. Den store læreren gir oss «summen av loven og profetene» i disse ordene: «Du skal elske Herren din Gud av hele ditt hjerte og av hele din sjel og av all din forstand. Dette er det største og første bud. Men et annet er like stort: Du skal elske din neste som deg selv. På disse to bud hviler hele loven og profetene.» (**Matteus 22,37-40.**)

Jesus holdt loven. Han elsket Gud med hele sitt hjerte, og Han elsket nesten sin som seg selv, hvert eneste øyeblikk i livet Hans. Jeg liker å tenke på dette – og på stedfortredende natur, i tillegg til Hans død. Jeg elsker doktrinen om tilegnet rettferdighet, og sjelen min fryder seg over den dyrebare tanken at Jesu perfekte rettferdighet er tilegnet meg, og vi er «rettferdige for Gud» (**2 Korinterbrev 5,21**).

Men Hans livs rettferdighet, velsignet som det enn er, er ikke nok for meg, fordi jeg har syndet. Jeg har brutt Guds lov, og Bibelen forteller meg at «syndens lønn er døden» (**Romerne 6,23**). Livet mitt er forspilt. Hvordan kan jeg slippe unna Guds vrede? Blodet ble stenket syv ganger på nådestolen. «Kjøttets sjel (eng: livet) er i blodet.» (**3 Mosebok 17,11**) «Blodet er sjelen (eng: livet).» (**5 Mosebok 12,23.**) Å kaste blod var å ofre livet. Blodet som ble tatt inn til det aller helligste og stenket på nådestolen, var blodet fra syndofferet, et offer som hadde lidd og dødd for synden. Det kunne kalles det ofrede livet, som ble stenket syv ganger på arken foran Herren. I dette blodet ser jeg at straffen for synden hadde blitt påført, et liv var blitt ofret, og den forferdelige prisen var blitt betalt.

Kristus er vårt syndoffer. Hans blod snakker bedre enn Abels blod, og det renser oss fra all synd. La meg i all oppriktighet og kjærlighet be leseren om å tilbringe en halv time med de følgende skriftstedene, og jeg vil love deg en rik belønning: **3 Mosebok 16,15-16, Hebreerne 12,24, 1 Johannes 1,7-9, Jesaja 53,4-5.10-12, Johannes 1,29, 3,14-17, 10,15, Efeserne 5,2.25-26, 1 Peter 3,18, 4,1, 2,21-25, Johannes' åpenbaring 1,5-6.**

En ark bar den utvalgte familien over dommens vann i den nye verden (**1 Mosebok 7**). En ark bevarte et utvalgt barn fra dødens vann (**2 Mosebok 2,1-6**). Og paktens ark bar loven som ble administrert av døden (**2 Korinterbrev 3,7**). Alle disse var bilder på Kristus, den sanne arken, som er åpen for alle troende, og som vil beskytte alle som gjemmer seg i Ham, mot døden.

Jordan betyr «dommens elv». Det var navnet til elven som delte Kanaan fra ødemarken. Hebreerne måtte krysse den elven for å komme inn til det lovede land, og arken delte vannet for dem og åpnet en vei gjennom dødens elv slik at Guds utvalgte kunne passere over.

*Se, han som er all jordens herre, hans paktsark går
foran dere ut i Jordan. Så velg nå ut tolv menn av
Israels stammer, en mann for hver stamme. Og når
så prestene som bærer Herrens, all jordens Herres
ark, står stille med sine føtter i Jordans vann, det
vann som kommer ovenfra, demmes opp, så det står
som en vegg. Folket brøt så opp fra sine telt for å
gå over Jordan, og prestene som bar paktens ark,
gikk foran folket. Da de som bar arken kom ned til
Jordan, og så snart prestene som bar arken satte
sine føtter i vannet ved elvebredden – Jordan gikk
over alle sine bredder gjennom hele skurdtiden – da*

*stanset det vannet som kom ovenfra. Det stod som
en vegg langt oppe, oppe ved byen Adam, som
ligger tett ved Sartan. Og vannet som rant ned til
Ødemarkshavet, som er Salthavet, rant bort, og
folket gikk over rett mot Jeriko. Prestene som bar
Herrens paktsark, ble stående på tørr grunn midt
ute i Jordan, mens hele Israel gikk tørrskodd over,
inntil hele folket var kommet vel over Jordan.*
Josva 3,11-17

Den elven var et bilde på døden, elven uten en bro, som alle
kristne må komme seg igjennom til Kristus kommer tilbake i
sitt annet komme. Mange kristne står på Jordans strømfulle
elvebredd og ser på det opprørte vannet.

*Start å synk
For å krysse dette smale havet,
Og vent skjelvende på kanten,
Og frykt å legge utpå.*

La dette avspeile at Kristus, den sanne arken, har gått inn i
døden for oss, og Han har åpnet en ny og levende vei for oss
gjennom døden. Israelitten ser kanskje på arken mens han
krysser Jordan elva og sier: «Selv om jeg vandrer gjennom
dommens vei, så frykter jeg for intet, for du er med meg, og
du trøster meg.» Og den kristne kan snu øynene sine mot
Kristus i hver eneste prøvelse og i dødens øyeblikk og si:
«Ja, selv om jeg vandrer gjennom dødsskyggens dal, så
frykter jeg for intet, for du er med meg.» Og dersom Herren
er med ham, så sier han kanskje:

*Herre, det tilhører ikke meg,
Om jeg lever eller dør:
Å elske og tjene er min del,
Og det må din nåde gi.*

Kristus leder meg ikke gjennom mørkere rom
Enn dem Han har gått igjennom:
Han som entrer Guds kongerike
Må entre via den døren.

Jesus Kristus har fratatt døden sitt forferdelige stikk og laget en dør som Hans barn kan gå gjennom til en verden av ublandede og evige gleder. Døden er en fødselsdag nummer to for en kristen, for da entrer han en høyere og lykkeligere tilværelse. Dødens dag er en bedre dag for den kristne enn dagen han ble født (**Predikanten 7,1**). Det var tanker som disse som fikk apostelen Paulus til å si: «Jeg kjenner meg dradd til begge sider. Jeg har lyst til å bryte opp herfra og være med Kristus, for det er så mye, mye bedre.» (**Filipperne 1,23.**)

Hvorfor skulle vi frykte døden?
Hvilke engstelige ormer vi dødelige er
Døden er porten til uendelig glede,
Og likevel frykter vi å dra der.

Smertene, stønnene og dødens strid,
Skremmer våre kommende sjeler vekk:
Vi vil krype tilbake til livet,
Glad i vårt fengsel og vår leir.

Men dersom Jesus er med oss – og Han vil ikke forlate sine kjære i dødens time – så kan vi også si:

Jesus kan gjøre dødssengen
Myk som puter av dun,
Mens jeg lener mitt hode mot Hans bryst
Og puster ut mitt liv så søtt.

Døden er en stor velsignelse for den kristne. Han kan gjerne si: «Jeg ønsker ikke å leve likevel.» Det er sant at han dør, men han dør for å leve, og etter døden vil han leve på ny og aldri mer dø.

Nede på jorden har han mange kamper å gå igjennom , selv om han er sikker på himmelriket. Istedenfor å svinge sverdet, så vil han svinge et palmeblad; istedenfor en hjelm vil han ha en krone; istedenfor slagmark vil han ha gater av gull og den himmelske stad å vandre rundt i, og han vil leve evig i universets beste samfunn.

Kryssingen av Jordan var også et bilde på det fantastiske fellesskapet kirken har med Jesus i døden og oppstandelsen, som Han passerte gjennom for å komme tilbake til himmelen (**Efeserne 1,20-21**). Og da israelittene gikk ned i elva med arken og kom opp fra den og gikk inn til Kanaan, slik er vi døde med Kristus (**Romerne 5,1.8, Kolosserne 2,20, 2 Timoteus 2,11**), og gjort levende ved Kristus, og vi får sitte med Ham i himmelen (**Efeserne 2,5-6, Kolosserne 3,1-4**).

Del 16
Nådestolen

Det fantes ingen stol i tabernaklet for prestene, for arbeidet deres var aldri ferdiggjort. De stod og tjente i det helligste. «Og hver prest står daglig og gjør tjeneste og bærer mange ganger fram de samme offer, de som aldri kan bortta synder. Men Jesus har båret fram ett eneste offer for synder, og har deretter for alltid satt seg ved Guds høyre hånd.» (**Hebreerne 10,11-12.**)

Den eneste stolen i tabernaklet var nådestolen, Guds trone, hvor nåden regjerte. Nåde betyr godhet som blir tildelt en som er uverdig og ikke fortjener det. Han er god mot de hellige englene, men jeg tror ikke Han er nådig overfor dem, for de har ikke syndet mot Ham. Gud var god mot de første forfedrene våre før de falt i synd, men jeg tror Han kan sies å ha vært nådefull overfor dem etter syndefallet. Guds godhet overfor menneskene er nåde. Alle velsignelser blir gitt oss i nåde, siden ingen mennesker fortjener Guds godhet. Gud oppholdt seg i tabernaklet blant sitt folk, som en nådens Gud, og de ble lært å holde seg nær Ham gjennom det guddommelige oppnevnte mediet i den forsikring at Han var en Gud som frydet seg i nåde.

Nådestolen var lokket eller dekningen oppå kisten som ble kalt for arken (**2 Mosebok 25,16-19**), og den dekket over steintavlene med loven på. Arken var laget av tre og dekket med rent gull, men nådestolen var bare laget av gull.

Nådestolen representerte Jesus Kristus. «Ham stilte Gud til skue i hans blod som en nådestol ved troen, for å vise sin rettferdighet, fordi han i sin langmodighet hadde båret over med de synder som før var gjort.» (**Romerne 3,25.**) Jesus er den sanne nådestolen, hvor nåden skal «herske ved rettferdighet til evig liv» (**Romerne 5,21**). Dette er tronen som vi har blitt anmodet om å nærme oss med frimodighet, slik at vi kan få nåde i vår tid av trengsel (**Hebreerne 4,16**).

Gud har to troner, en trone med nåde og en trone med dom. Nå sitter Han på nådens trone og deler ut nåde til alle. Den stolen vil snart bli fjernet, og dommens stol vil bli satt der istedenfor, og Gud vil sitte på den tronen og dømme alle mennesker i henhold til gjerningene deres. Lykkelige er de som kommer til Gud mens Han sitter på nådestolen, og før domstolen blir reist opp. De, og bare de, skal bli frelst fra den kommende vreden.

Du som leser vil nå være i stand til å forstå den velsignede sannheten i det nittende verset av det sjette kapitlet i Hebreerbrevet: «Dette har vi som et anker for sjelen, et som er trygt og fast og når inn til det som er innenfor bak forhenget.» Hva var det som var innenfor forhenget? Arken var der, og den var et bilde på Kristus som menneske og som Gud. Loven var der, men den var dekket under nådestolen, og dens stemme ble tiet ned av soningens blod. Soningen, eller nådestolen, var der, og oppå den satt Guds herlighet, som hadde fått sinnet sitt vist bort av blodets stemme. Håpet er sjelens anker, og akkurat som ankeret er skipets sikkerhet i stormen, slik er et godt håp sikkerheten til sjelen under sorg og fristelse, og også i dødens stund. Sjømannen kaster ankeret sitt ut fra skipet. Det går ned under vannet og fester seg i noe som ikke er synlig. Den kristne kaster sitt anker oppover, og det går inn til selve himmelen og fester seg til det som er innenfor forhenget. Det fester seg i Kristus; det fester seg i soningens blod; det fester seg i Guds nådes trone. Dette ankeret er sikkert og fast. Det vil aldri bli dradd av gårde eller bli slitt av. Med et slikt anker er sjelen trygg i all evighet.

Fra hver stormfull vind som blåser,
Fra hvert hevede tidevann av sorg,
Er der en rolig, trygg havn;
en finnes under nådestolen.

Der er et sted hvor Jesus kaster
Gledens olje mot våre hoder.
Et sted søtere enn alle andre;
Det er blodet fra nådestolen.

Der er et sted hvor ånder blandes,
Og venn har fellesskap med venn;
De møtes gjennom troen
Rundt en felles nådestol.

Ah! hvor flykter vi for hjelp,
Når vi er fristet, øde, forferdet;
Eller hvordan vinner helvetes vert,
Om de lidende ikke hadde nådestolen.

Der svever vi på ørnevinger,
Hvor tid og sans ei finnes mer;
Der hilser himlens glede våre sjeler,
For nåde omringer nådestolen.

Del 17
Kjerubene

*Du skal lage to kjeruber av gull. I drevet arbeid
skal du lage dem og sette dem ved begge endene av
nådestolen. Sett den ene kjeruben ved den ene
enden og den andre kjeruben ved den andre enden.
Dere skal lage kjerubene i ett med nådestolen, en
på hver ende av den. Kjerubene skal holde vingene
utbredt og oppløftet, så de dekker over nådestolen
med vingene. Og ansiktene skal vende mot
hverandre, og mot nådestolen
skal kjerubene vende ansiktet.*
2 Mosebok 25,18-20

Over arken var det to figurer som hebreerne kalte for
«kjeruber», med vinger i samsvar med hva Moses
hadde sett rundt den hellige tronen, og usett av dødelige til
da. Disse vakre figurene ble hamret ut av rent gull akkurat
som nådestolen, og de var av samme stykke som nådestolen.
«Og han laget to kjeruber av gull. I drevet arbeid laget han
dem og satte dem ved begge endene av nådestolen, en kjerub

ved den ene enden og en kjerub ved den andre enden. Han laget kjerubene i ett med nådestolen, en på hver ende av dem. Kjerubene holdt vingene utspent og oppløftet, så de dekket over nådestolen med vingene. De vendte ansiktet mot hverandre, mot nådestolen vendte kjerubene sitt ansikt.» (**2 Mosebok 37,7-9.**) Disse var vokterne av Guds trone. Vi leser ofte om at Han sitter mellom kjerubene (**1 Samuel 4,4, 2 Samuel 6,2, 2 Kongebok 19,15, Salme 80,2, Jesaja 32,16**).

Så lenge Gud er på plassen Sin på nådestolen mellom kjerubene, så finnes det nåde for den som kommer. Men når vi ser tronen over kjerubene, som i **Esekiel 1,26** og **10,1**, så har Gud kommet ut fra plassen sin, og det er dom istedenfor nåde i vente.

Det er veldig lærerikt å observere at første gangen vi leser om kjeruber, er i **1 Mosebok 3,24**, hvor de blir sett med flammende sverd mens de vokter veien til livets tre, og er klare til å ødelegge hvem som helst som ville være modig nok til å forsøke å trenge seg forbi til det treet. Neste gang vi leser om dem, er i **2 Mosebok 25**, hvor de vokter nådens trone. Og her, velsignet av Gud, holder de ingen flammende sverd i hendene, men de bøyer seg over nådestolen og beskuer blodet som blir stenket der.

De ser ikke under nådestolen. Der var loven, dødens tjeneste. De snur ikke ansiktene østover og ser utover folket. Hadde de gjort det, så ville de ha sett en mengde med syndere. Men de ser på det som dekker over dødens tjeneste. Øynene er fikserte på det som er gunstig for synden – det som er soning for synden. De så på Jesus, og der fant de glede og hvile. Og jeg vil også se hvor de så. Sinnet mitt ville bli fylt med det som gir glede til de høyeste englene, tjenerne som står nærmere Guds trone enn noen andre skapninger i universet.

Ser du som leser dette, det som kjerubene så – på Jesus og Hans underfulle blod? Der finnes det hvile, og der finnes det fred, men du kan ikke finne fred og hvile noe annet sted.

Forhenget er revnet, veien er åpen. Kom, du trette sjel, så skal du finne hvile og glede.

Men jeg må advare deg som leser mot å gjøre som mennene fra Betsemes gjorde. De så inn i arken til Herren, og Herren slo dem, og over 50 000 mennesker døde (**1 Samuel 6,19**). De kunne ikke se inn i arken uten å fjerne nådestolen. De gjør hva mange gjør nå – setter Kristus til siden, så ser de på loven og tror at de kan holde den og få evig liv på den måten. Å gjøre dette leder til døden, for uten Kristus kan vi ikke gjøre noe, og uten Kristus har vi ikke noe. Avdekk ikke det som Gud har dekket!

Del 18
YppersTepresTen Arons klær

Aron, yppersTepresTen, var et bilde på den sanne Yppersteprest som nå er over huset, eller Guds kirke (**Hebreerne 3,1-2, 7,21-28, 10,21-22**).

Han var Moses sitt talerør overfor folket (**2 Mosebok 4,30**). Gjennom ham ble Guds taler og formål formidlet. Men i Det nye testamente leser vi: «Etter at Gud i fordums tid mange ganger og på mange måter hadde talt til fedrene gjennom profetene, har han nå i disse dager talt til oss gjennom Sønnen.» (**Hebreerne 1,1-2.**) Nå er det Kristus som avslører hva Faderen tenker.

Aron var den som velsignet folket (**3 Mosebok 9,22**). For å se hvordan han ga Guds velsignelse til folket, kan du slå opp **4 Mosebok 6,22-27**. I dag er det Jesus som velsigner folket, for «han oppreiste ham for å velsigne dere når hver av dere omvender seg fra sine onde gjerninger» (**Apostlenes gjerninger 3,26**). Aron måtte drepe ofrene som skulle ofres. Jesus satte sitt liv til for fårene (**Johannes 10,15.17-18**). Aron underviste folket. Jesus er den store læreren som adresserer folket sitt og sier: «Ta mitt åk på dere og lær av meg, for jeg er saktmodig og ydmyk av hjertet. Så skal dere finne hvile for deres sjeler.» (**Matteus 11,29.**)

Aron måtte stelle lampene og sørge for at de fortsatte å brenne (**3 Mosebok 24,2-4**). Jesus «går midt imellom de sju lysestaker av gull» (**Johannes' åpenbaring 1,13-20, 2,1**), og Han bruker knivene og nådens olje og kraften til Den Hellige Ånd for å hindre at lampene brenner ut. Bare Aron gikk inn i det aller helligste og gjorde soning for folket sitt. Kristus har kommet inn i selve himmelen og står i Faderens nærvær på våre vegne. «Med sitt eget blod gikk han inn i helligdommen en gang for alle, og fant en evig forløsning.» (**Hebreerne 9,12.24.**)

«Ja ikke bare det, men vi roser oss også av Gud ved vår Herre Jesus Kristus. Ved ham har vi fått forlikelsen.» (**Romerne 5,11.**) Aron var det guddommelig utnevnte mediet som folket kom gjennom for å få velsignelse. Kristus er det guddommelig utnevnte mediet vi kan komme til Gud gjennom.

Aron hadde ikke i seg selv de rette kvalifikasjonene til å være en forgjenger for Herren Kristus, den store Ypperste-presten, så den nødvendige skjønnheten og æren ble lagt på ham symbolsk. Kledd i vakre, dyre og guddommelig utnevnte klær ble han på en symbolsk måte hva Jesus Kristus var i virkeligheten, og da kunne han tjene i tabernaklet som et forbilde på Ham som er den sanne tjeneren, og den evige Frelseren.

Disse klesplaggene var sagt å være «til ære og til pryd» (**2 Mosebok 28,2**). De var meget vakre og dyre, og alt som tilhørte dem, var viktig på samme måte som Jesu flerfoldige fortreffelighet og ære var. De er som mange forskjellige briller som Gud har gitt oss for å beskue Jesus i flere aspekter, som manifestert for oss i Hans moralske tilfreds-stillenhet og skjønnhet og åndelig ypperlighet. Jeg elsker å se Jesus som Han er beskrevet her, fordi Han er så skjønn. «Alt ved ham er liflighet (herlig, vakker, behagelig).» (**Salomos høysang 5,16.**)

Og likevel, når vi til og med her ser Ham gjennom et speil, i en gåte, så kan vi bare kjenne Ham delvis. Vi ser Ham ikke ansikt til ansikt (**1 Korinterbrev 13,12**). Han er her, speidende gjennom vinduet, gjennom gitteret (**Salomos høysang 2,9**), og det er en stor velsignelse å se Ham på denne måten. Men det vil bli mye bedre å se Ham som Han er, uten vinduer og gitter mellom Ham og oss (**Filipperne 1,23, 1 Johannes 3,2**). Og jeg er ganske sikker på at når vi ser Ham ansikt til ansikt, og Han er, skal vi si – som dronningen av Saba sa etter at hun hadde sett Salomos visdom og rikdom: «Jeg trodde ikke det de fortalte, før jeg kom og fikk se det ned egne øyne. Men nå ser jeg at de ikke har fortalt meg halvparten.» (**1 Kongebok 10,6.**) Virkeligheten vil langt overgå det vi har tenkt.

Slå sammen alle de herlige navnene,
Av visdom, kjærlighet og makt,

Som dødelige kjenner til,
Som engler sa:
Alt er for simpelt for å fortelle Hans verd,
For simpelt for å beskrive vår Frelser.

Ypperstepresten hadde på seg noen klær som var felles med de andre prestene. Jeg vil ikke nevne disse spesielt her, men jeg skal fortsette med leserens oppmerksomhet rettet mot fem elementer ved Arons klær som var særegent for ham som yppersteprest og skilte ham fra alle andre. Disse klesplaggene var hellige, ærefulle og vakre, og de skinte ut helligdommen, æren og skjønnheten til den dyrebare Jesus. Navnene deres var mitra, livkjortel, brystplate, belte og den blå overkjortelen.

DEL 19
MITRAEN

På hodet sitt hadde Aron en fin mitra av lin. Mitraen eller luen, med en plate av rent gull på fremsiden, skulle dekke pannen. På denne platen eller gullkronen var ordene «Helliget er Herren» gravert. «Så skal du lage en plate av rent gull og gravere inn på den slik som en graverer inn et signet: Helliget er Herren. Du skal feste den til en snor av blå ull, og den skal sitte på luen, på framsiden av luen skal den sitte. Over Arons panne skal den sitte, så Aron kan bære den synd som henger ved de hellige ting som Israels barn vier til Herren, og alle de hellig gaver de bærer fram. Den skal alltid sitte over hans panne, for at gavene kan finne velbehag for Herrens åsyn.» (**2 Mosebok 28,36-38.**)

Det hvite linet er renhetens emblem. Hodet er stedet for tanke og intellekt. Kristus hadde et rent sinn. Alle tankene Hans var hellige tanker. "Helliget er Herren" stod som et merke på pannen hans og skinte med gullbokstaver i hver av hans livs handlinger. Disse ordene beskriver Kristi personlighet i alle deler av livet Hans her på jorden.

«For en slik yppersteprest var det vi måtte ha – hellig, uskyldig, ren, skilt fra syndere og opphøyet over himlene.» (**Hebreerne 7,26.**) I Kristus kan vi ha en slik Yppersteprest, som er synderes venn, men helt adskilt fra synd; som kan redde den skammeligste synder; som kan røre ved og rense den verste spedalske, og likevel holde seg ren for forurensning. Og fordi Han er så hellig, kan Han bære sitt folks synder (**Jesaja 53,4**).

Han som er vår store Yppersteprest foran Gud, er ren uten noen lyte. Gud ser Ham slik, og Han står der for oss som er Hans folk, og vi blir akseptert i Ham. Hans hellighet er blitt tilregnet oss. Når vi står i Ham, er vi, i Guds øyne. like hellige som Kristus er hellig, og like rene som Kristus er ren. Gud ser på vår representant, og Han ser oss i Ham. Vi er fullstendige i Ham som er vårt lytefrie og herlige hode.

En manns tanker er alltid verre enn ordene og handlingene hans, og det gode mennesket føler at når han representerer bønnene og lovprisningen sine – og andre hellige ting – til Gud, så kommer ofte mange dumme og forfengelige tanker ubedt inn i hodet, som urene fugler kom ned på Abrams offer, som var lagt frem for å bli ofret til Gud (**1 Mosebok 15,11**). Han føler at offeret hans er ødelagt, og han spør: «Kan den rene Gud akseptere slike urene offergaver som jeg nå bringer til alteret?»

Der er så mye selvopptatthet og synd i våre helligste ting at selv tårene våre trenger å vaskes, og vår anger fremfor Gud trenger å bli angret på. I alle hjertene våre er det en kilde med skittent, sort vann. Og når vi tenker på at vi skal gi en gave til renhetens Gud, så spruter det vannet ut, og gavene blir skitnet til med de ugjennomtrengelige effusjonene fra våre egne korrupte hjerter.

Vi hater virkelig de sjofle tankene våre. Vi avskyr oss selv på grunn av denne oppvaskkummen fylt med korrupsjon som vi finner inni oss, og av og til tenker vi at Satan tømmer helvetes forferdelige skitt inn i hjertene våre og gjør dem til en kloakktank med skittent vann som fortvilelsen renner gjennom.

Å, «la oss rense oss fra all urenhet på kjød og ånd» (**2 Korinterbrev 7,1**). Herren har gjort hjertene våre til sitt tempel ved å entre inn i dem. Men for et behov vi har for at den store Kongen skal si: «Hør på meg ... Hellige nå dere selv, og hellige Herrens, deres fedres Guds hus og få urenheten ut av helligdommen!» (**2 Krønikebok 29,5.**)

Guds sanne barn vil vite betydningen av alt dette, for de har følt det samme. Men jeg takker Gud for at det finnes én som er uten lyte ved Guds høyre hånd, og gjennom Hans hellighet blir vår urettferdighet lagt bort, og vi blir akseptert og frelst.

Del 20
Livkjortelen

Livkjortelen, med brystplaten og beltet festet til den, og plassert på Aron, konstituerte ham til å bli en tilbeder. Utstyrt med dette kunne han nærme seg og tilbe i det helligste. Den ble plassert over den blå overkjortelen og skal ha vært mye kortere enn den og nådd litt under knærne mens den blå kappen nådde ned til føttene. Den var nær til personen som hadde den på seg og ble holdt på plass av et belte. Den var laget av gull, blå, lilla, karmosinrødt og fint lin. Disse materialene representerer renheten, skjønnheten og æren til Kristus som mannen Jesus Kristus og allmektig Gud. Den ville stråle av gull, og fargene ville være blandet så de kunne vise sin rikdom og skjønnhet på best mulig måte.

De fire materialene var de samme som forhenget var laget av, nemlig fint lin, blå, lilla og karmosinrødt, som representerer Kristi menneskelighet i all sin fullkommenhet (**Hebreerne 10,19-20**). Men i gulltråden som kledet var brodert med (**2 Mosebok 39,3**), ser jeg guddommen til Herren, og de to er så sammensatt at du ikke kan ha den ene uten den andre. Jeg ser dette gjennom hele Bibelen. Dersom du vil bla opp til to eller tre skriftsteder, vil du kunne se det samme.

I **Jesaja 9,6** leser vi: «For et barn er oss født, en sønn er oss gitt. Herredømmet er på hans skulder, og hans navn skal kalles Under, Rådgiver, Veldig Gud, Evig Far, Fredsfyrste.» Jesus er barnet som er født og sønnen som er gitt. Her ser vi Kristi menneskelighet. I samme verset er Han også kalt for Veldig Gud og Evig Far. Der ser jeg guddommen til Jesus Kristus.

Dersom jeg går til **Johannes 1,1** leser jeg: «I begynnelsen var Ordet, og Ordet var hos Gud, og Ordet var Gud.» Der er guddommen soleklart slått fast. I **Johannes 1,14** leser jeg: «Og Ordet ble kjød og tok bolig iblant oss.» der er menneskeligheten til Kristus. I **Johannes 11** ser jeg Jesus stå ved graven til en venn, og Han gråter; der ser jeg mennesket. Noen få øyeblikk går, og så ser jeg Ham kalle den døde til live; der ser jeg Gud.

Dersom jeg blar til **Markus 4,** ser jeg Jesus bak i en båt sovende på en pute; der ser jeg Jesu menneskelighet. Men disiplene vekket Ham og fortalte om den overhengende faren, og Han stod opp og befalte sjøen til å være stille; der ser jeg Jesu guddommelighet. Jeg skal ikke dvele lenger på dette poenget, men du vil bli rikt velsignet dersom du vil søke skriftene på egen hånd om dette emnet.

Baksiden og fremsiden av livkjortelen var festet over skuldrene, som de hang fra. På hvert skulderstykke var det satt en edelsten i gull – en onyksstein, en vakker hvit og halvveis gjennomsiktig stein. I disse edelsteinene var navnene til Israels tolv stammer inngravert. Aron bar navnene til de tolv stammene oppå skuldrene sine. Han presenterte dem på denne måten framfor Herren, og når Gud så ned på Aron, så han navnene til folket sitt uutslettelig inngravert i hvite steiner.

Skuldre er en plass hvor det er styrke. Kristi allmektige styrke tilhører oss. Han bærer både oss og byrdene våre på sine skuldre (**Jesaja 63,9, 40,11, 46,4, Salme 55,23**). Herredømmet er på Hans skuldre, og kronen er på hodet Hans. Han er en Konge, og folket Hans må eie Ham som Herre og Mester. De må krone Ham Herre over alt.

Den store Ypperstepresten,
kledd i symboler forteller
Om den som alltid lever for å megle;
Hvis vakre kappe, med bjeller av gull,
Sier at Faderen elsker å høre ham be;
Mens på hans skuldre og hans bryst har han
Navnene til dem hvis synder og sorger han bar.

Men hvem skal stå i det helligste?
Som møter blikket, det øyes søken?
Som skal nærme seg Faderen ansikt til ansikt?
Som entrer hvor all plett av synd må fly?
Ingen uten den mannen hvis bryst er rent,
Og hvis panne Guds helligdom er sett.

DEL 21
BRYSTPLATEN

Hver del av yppersteprestens påkledning var dyr og vakker, men brystplaten var det aller dyreste, vakreste og fantastiske av alt. Det var i virkeligheten dette og livkjortelen som den var feset til, som kvalifiserte ham til å kunne søke Gud og få vite Guds dommer eller meninger på vegne av folket han representerte (**2 Mosebok 28,25-29, 39,8-21**).

Den var laget av samme materiale som livkjortelen, men den hadde to lag slik at den kunne danne en slags veske ett spenn langt og bredt, og festet til framsiden av livkjortelen over beltet hvilte den over yppersteprestens hjerte. Den var pyntet med fire rader med edelstener, alle satt i gull og godt festet på sine respektive steder på brystplaten, og hver av steinene hadde ett av navnene til Israels stammer skrevet på den.

Ettersom hjertet er følelsenes hovedsete, og skulderen et sted som representerte styrke, så måtte Aron bære navnene på folket ved hjertet sitt, for å vise at han elsket dem, og på skulderen, for å vise at han alltid var rede til å tjene dem.

Den typiske og åndelige betydningen av dette er søt. Jesus Kristus er vår store Yppersteprest, og navnene på folket Hans er ikke over men inni hjertet Hans. Hans allmektige styrke og uendelige kjærlighet er vår – vår for alltid. Han glemmer aldri en eneste av sitt folk og slutter aldri å elske dem.

Vi liker å tenke at noen som er store og gode, er glade i oss. Mannen til en sann og elskende kone vil, når han er langt borte fra henne, på et sted hvor ingen bryr seg om ham, glede seg ved tanken over at det er et hjerte lang borte som elsker ham med sann kjærlighet; et sted hvor han alltid vil bli ønsket velkommen i kjærlighet; og denne tanken gjelder ham og muntrer ham opp når han er langt borte fra dem som elsker ham.

Den kristne er ikke hjemme nå. Han er i et land langt borte blant fremmede, hvor hunder bjeffer på ham og menn peker hånlig på ham med fingeren. Men det trøster hjertet hans når han tenker på at det finnes én i himmelen – den reneste og beste mannen som noensinne har levd på jorden eller noen annen del av universet – og at denne mannen har ham i hjertet sitt uten noensinne å glemme ham, men Han elsker ham med en udødelig kjærlighet. La de testede kristne nå se opp:

> *Besku de juvelene på hans bryst,*
> *Hver av dem en inngravert signet;*
> *Presset nær til den varme barmen*
> *Ligger dem Jesus reddet:*
> *Og du er frelst, hvem enn du er,*
> *Dersom Jesus har ditt villige hjerte.*

Disse edelstenene var meget dyre. Det fantes ingenting i tabernaklet som var like dyrt. De var Arons skatter. Dette er for å lære oss at Guds folk er dyrebare for Kristus. De er Hans juveler, Hans spesielle skatter, Hans Fars kjærlighets gaver, og Han setter pris på dem fordi Faderen ga dem til Ham. Tiden vil komme når Han vil telle juvelene sine, og da vil det ikke mangle en eneste sjel av dem som Faderen har gitt Ham.

Akkurat som lysets stråler som falt på Aron ville falle på navnene til Arons folk, så blir også ethvert smil som Gud har gitt til Kristus, også bli gitt til Kristi folk. For Kristus og folket Hans er ett, og Gud ser aldri på Kristus uten å se folket Hans – hele folket Hans, for de er i Ham – elsket som Han er elsket.

Urim og tummim skulle legges i brystplaten. Jeg kan ikke si med sikkerhet hva disse er. Alt jeg vet er at de ble alltid brukt til å kommunisere Guds tanker. Gud svarte med urim og tummim. Ordene betyr «lys» og «perfeksjon». Dersom vi har Kristus, har vi de sanne urim og tummim. «Etter at Gud i fordums tid mange ganger og på mange måter talt til fedrene gjennom profetene, har han nå i disse dager talt til oss gjennom Sønnen.» (**Hebreerne 1,1-2.**)

Og akkurat som Aron, når han var pyntet med brystplaten, var kvalifisert til å gå til Gud og snakke til den allmektige, slik er hver og en som har mottatt Kristus, kvalifisert til å komme til Gud og snakke med Ham. Og enda mer er det hans glade privilegium å føle i sjelen sin at Gud har hørt bønnen deres og har innfridd ønsket hans.

Men akkurat som Israels folk har mistet denne vakre skatten og aldri gjenfunnet den, slik kan den kristne synde mot Gud og forårsake sorg for Den Hellige Ånd, og hans kommunikasjon med Gud kan bli så forstyrret at når han kommer til Gud i bønn, så kan himmelen være som messing og bønnen kan synes ubesvart. Måtte både jeg og du som leser denne lille boken, bli brakt nær til Gud, og når vi er nær kan vi unngå å gjøre Guds Hellige Ånd trist.

DEL 22
BELTET

Dette beltet ble brukt av hebreerne som pynt og som en forsterker. Det ble påkledd Aron, men vår Jesus har i seg selv alt som dette symboliserer, sammen med alt det andre som ble påkledd Aron.

Jeg liker å se på beltet som et symbol på tjeneste, og at Jesus Kristus som vår Yppersteprest med sitt belte, alltid er klar til å gå til Faderen med sitt folks bønnebegjær.

Jesus er alltid klar til å tjene sitt folk når de er i nød. Han vil presentere bønnene deres overfor Faderen og få svar for sine elskede disipler, eller så vil Han stoppe for å vaske føttene deres. Jeg ser Ham slik:

Rolig reiser Han seg fra setet,
En beltet levitt, jeg ser Ham bøye
Og synke ned for å vaske pilegrims-føttene
Til dem som er oppmerksom på Hans steg,
Gjør som jeg har gjort mot dere.

*Og den som vil være den første blant dere, skal
være alles trell. For heller ikke Menneskesønnen er
kommet for å la seg tjene, men for selv å tjene og gi
sitt liv som løsepenge i manges sted.*
Markus 10,44

Dersom selve universets skaper var sendt for å tjene, så
burde også vi bli sendt forskjellige steder for å tjene Gud og
nesten vår.

Del 23
Den blå overkjortelen

Noen ganger blir den kalt for «livkjortelens overkjortel» fordi den ble brukt under livkjortelen og ble festet til personen med det samme beltet.

Overkjortelen var laget av et helt stykke tøy, og alt var blått. Denne fargen angir det som var utpreget himmelsk ved Kristi karakter, og den minner oss om den perfekte, sømløse kappen av Kristi rettferdighet som «hører dere til» (**Romerne 3,33**).

Den nedre enden av denne lange overkjortelen var pyntet med gylne klokker og granatepler. «På kanten nederst skal du sette granatepler av blå, purpurrød og karmosinrød ull, og blant dem skal det være gullbjeller rundt omkring. Først skal det være en gullbjelle og et granateple og så igjen en gullbjelle og et granateple. Slik skal det være rundt hele den nederste kanten på overkjortelen. Aron skal ha den på seg hver gang han gjør tjeneste, så lyden av den kan høres når han går inn i helligdommen for Herrens åsyn, og når han går ut – for at han ikke skal dø.» (**2 Mosebok 28,33-35.**)

Her var der lyd og frukt og like mye frukt som lyd. Når han beveget seg rundt i forgården eller i tabernaklet, så laget hvert fottrinn en søt, gyllen lyd fra hver av bjellene som hang rundt beina hans, og Aron syntes å si: «Jeg er klar til å tjene dere og velsigne dere» med denne lyden. Granateplene ville ofte minne ham på at en prest måtte gjøre mer enn bare å lage lyd. Han måtte både jobbe og snakke, han måtte lage både lyd og frukt, og begge deler måtte være av god kvalitet.

Disse bjellene og granateplene var rundt beina – gangen til ypperstepresten – og minner oss om Kristi vakre gange, og behageligheten og søtheten i Hans samtaler med menneskene. Hvilken vakker klynge av kjærlighetens frukt mens vi leser om hele livet til Jesus. Alle ordene Hans er uttalt passende. De er lik epler av gull i kurver av sølv (**Salomos ordspråk 25,11**).

Presten måtte brenne røkelse i det hellige på det gylne alteret, når folket stod utenfor ved alteret for brennoffer når det var bønnetid. Og de ville vite, på grunn av lyden fra klokkene, at de kunne sende bønnene sine oppover samtidig. Og når Aron kom for å velsigne folket, så kunne de høre ham før han kom til døren, og hjertene deres ville fryde seg over ypperstepresten deres. Lyden kunne høres både over og under – av Gud på nådestolen, og av menneskene ved messingalteret. Og både Gud og mennesker vill finne velbehag i den muntre lyden, som fortalte om lidelse og død for synden, en fullstendig soning, og duftene av bønn og lovprisning.

Jesus, Ypperstepresten vår, har gått inn i det hellige i forbønn for oss. I evangeliet høre vi de gylne bjellene, den gledelige lyden som kommer fra himmelen, og de høres på jorden av dem som har fått åpnet ørene. Velsignet de de som kjenner den gledelige lyden – når troen ser at Kristus «gikk inn i selve himmelen for nå å åpenbares for Guds åsyn for vår skyld». «La oss derfor ved ham alltid bære fram lovprisningsoffer til Gud, det er: frukt av lepper som priser hans navn.» **(Hebreerne 9,24, 13,15.)**

Lyden fra disse bjellene kunne ikke bli hørt i hele leiren men bare svakt like utenfor forgården. For å høre denne søte lyden skikkelig, måtte man komme til messingalteret, og man kunne ikke komme inn der hvis man ikke hadde med seg et offer. Og ettersom det første offeret som ble krevd av ham var et syndoffer, og dersom en mann stod ved messingalteret og lyttet til den søte og muntre lyden av de gylne bjellene på kanten av prestens blå overkjortel, så vet vi med sikkerhet at han hadde kommet først av alt som en synder som trengte å bli tilgitt og frelst. Så en mann måtte innse at han var en synder som trenger et syndoffer. Han måtte komme ut fra verden; han måtte komme nær Ham som både er alteret og offeret; han måtte legge hånden sin i tro på Kristi hode, hvor Gud har lagt sin vrede, og si:

Jeg legger mine synder på Jesus,
Guds lytefrie Lam!
Han bærer dem alle og frir oss
Fra den forbannede bør.
Jeg bringer min skyld til Jesus,
For å tvette mine røde flekker,
Hvite i Hans dyre blod,
Til hver en flekk er vekk.

Slike sjeler vil snart høre den gledelige lyden som forteller dem at Han som tilbød seg selv som et offer, nå er en søt duft for Herren; at lukten av Hans meritter har oppnådd tilgivelse og fred for alle som kommer som syndere for å bli tilgitt og velsignet. Ingen som ikke har kommet ut fra leiren (verden), vil kunne høre den gledelige lyden av de gylne bjellene eller spise av den rike og dyrebare fruktene fra Kristi kjærlighet, som Han gir til dem som kommer til Ham som syndere for å bli tilgitt. Han mater sjelene med livets brød, men Han får dem til å hungre først.

Det er en velsignet ting å hungre, fordi Gud laget oss til å hungre slik at Han kan mate oss. Han får menneskene til å tørste slik at Han kan gi oss livets vann. Han får menneskene til å bli trette, og så gir Han dem hvile og styrke. Han gjør slik at menneskene blir meget syke og føler deres eget hjertes plage. Og de bruker alt de eier på leger og føler så at de ikke er blitt bedre men heller verre på grunn av hva de har lidt. Og så helbreder Han dem på et øyeblikk. Han lar menneskene føle at de har gått seg vill, fullstendig vill, og så viser Han at Han har funnet dem.

Når først overveldet med syn og skam
Til Jesu kors jeg skjelvende kom,
Tynget med skyld og full av frykt,
Men dradd av kjærlighet å våge seg nær,
Benådning jeg fant og fred med Gud,
I Jesu rike sonende blod.

Del 24
Ofringene

Bibelen er stappfull av Kristus, og vi trenger alle disse delene for å kunne se hele Kristus. Det er hele Kristus vi trenger: Kristus i sin stilling, sin karakter og sin person; Kristus i den forbindelsen Han hadde til Gud og til mennesker; Kristus som dro til Faderen på menneskenes vegne, og ga Faderen alt Han hadde krevd fra menneskeheten, og som så mottok fra Gud alt som menneskene trengte for å bli lykkelige på en perfekt måte; Kristus i sin ydmykelse og sin opphøyelse; Kristus på jordens laveste steder, og Kristus opphøyet til Faderens høyre hånd og gjort høyere enn himlene.

Bibelen er det store speilet hvor Kristus kan bli sett i alle de forskjellige aspektene som Gud Faderen ønsker at vi skal se Ham. Guds store formål med å gi oss Bibelen er å avsløre Kristus for oss – Kristus som Frelseren, Guds egen kjærlighetsgave. Formålet med å lese i Skriftene burde være å finne Kristus i dem. I **2 Mosebok** ser vi innløsningen ved Jesus Kristus, og i **3 Mosebok** finner vi adgangen til Gud via

Jesus Kristus etter at innløsningen er bekjentgjort og feiret. Kristus sees her som offeret, den som ofrer, og som presten. Han tilfredsstiller alle Guds hellige krav, og så møter Han menneskene med sine dype begjær som ikke noe på jorden kan tilfredsstille, og Han forsyner alt vi trenger og fjerner all frykt og gir glede og fred.

Israelittene var på mange måter et forbilledlig folk. Historien deres har vært forbilledlig i alle detaljer, og alle forordningene deres har i alle detaljer hatt en forbilledlig mening og krever en spesiell åndelig applikasjon. Nå vender vi oss mot ofringene eller de offer som hebreerne ble beordret å ofre til Gud. Å, at vi ville være i stand til å undersøke dem med øyet renset med åndelig øyesalve! Da vil vi se deres fulle åndelige skjønnhet, forstå deres dype og åndelige betydning og velsignet føle deres åndelige applikasjon, og vi vil innse at Moses virkelig skrev om Kristus og at mye sann åndelig sannhet kan finnes i disse liknelsene i Det gamle testamente.

Apostelen Paulus ønsket oppriktig at den åndelige sønnen hans, Timoteus, ville være i stand til å riktig dele sannhetens ord (**2 Timoteus 2,15**). Og når vi leser om ofringene, er det aller viktigst at vi er i stand til å dele dem inn i sine respektive inndelinger, eller at vi burde se og innse hvordan Herren har inndelt dem. Få kristne legger merke til dette prinsippet i tilstrekkelig grad, og det er grunnen til at så mange leser Skriftene uten å få den nytten de ønsker. Husmoren går ikke til spiskammerset for å finne en kjole eller til garderoben for å finne brød, og likevel leser mange kristne Skriftene som om hva som helst kan bli funnet i den ene boken så vel som i en annen. Vi burde være så familiær med Bibelen vår at vi vet hvilken sannhet hver bok inneholder og hvilket bestemt aspekt av sannhet vi får i hvert kapittel, både i Det gamle testamente og i Det nye testamente. Vi burde så lese Skriftene slik at vi kan få mest mulig ut av dem, for når vi plukker opp Bibelen vår, burde vi spørre oss selv hvilken bestemt sannhet vi trenger mest på det bestemte tidspunktet, og så burde vi gå direkte til det stedet hvor den trengte sannheten kan bli funnet.

La oss komme tilbake til ofringene. De er inndelt i to grupper: De velluktende ofringene er en gruppe, og de som ikke er velluktende ofringer, er en annen gruppe. Brennofferet, matofferet og fredsofferet tilhører den velluktende gruppen. Syndofferet og troløshetsofferet er ikke velluktende offer. I syndofferet og troløshetsofferet gjaldt det synd. Synd ble tilregnet alle mennesker, og derfor kunne offergavene deres brennes på messingalteret, som var Guds bord. Fettet fra syndofferet ble brent på alteret, og blodet ble helt utover bunnen av alteret. Men kjøtt og bein og så videre ble båret ut av leiren og brent til aske på bakken, som Gud hadde forbannet på grunn av menneskenes synd (**1 Mosebok 3,17, 3 Mosebok 4,11-12, 16,27**). Dersom noe ikke ble brent, måtte det spises av prestene i det helligste. Ikke noe av kjøttet kunne bli lagt på alteret eller Guds bord (**3 Mosebok 6,26.29, 7,6, 10,16-20**).

I disse forskjellige ofringene får vi se så mange aspekter av Kristi ene offer. Alle ofrene stod for personene som ofret dem. Kristus ga seg selv for oss. Han er det store offeret som frelser sjeler – «Guds lam, som bærer verdens synd» (**Johannes 1,29.36**). Han ble gjort til synd, eller et syndoffer, for oss (**2 Korinterbrev 5,21**). Hva enn syndofferet var, om det var et brennoffer eller et syndoffer, så stod det for den som ofret. Han ble sett i det, og det var foran Guds åsyn på samme måte som offeret var. Dersom han kom til alteret med en geit til et syndoffer, sa han ved denne gjerningen: «Jeg er en synder. Jeg fortjener å dø og bli forbannet av Gud.» Den geiten stod i hans sted, og synden og skyldfølelsen hans ble gitt oppå den, og den ble kastet ut og brent som en forbannet ting. Bålet utenfor leiren, på stedet som har blitt kalt «Ødemarkens Golgata», var et uttrykk for det sinnet som Gud hadde overfor synd. Guds vrede falt over den, og den ble ikke spart. Flammene var umettelige så lenge et stykke kjøtt eller bein eller muskler forble ufortært. Geiten ble gjort til synd ved imputasjon. Den hadde ikke begått noen synd. Den visste ikke en gang hva synd var, men syndene til en annen ble lagt oppå den, og den døde for de syndene mens den virkelige synderen gikk fri.

På samme måten leser vi at «Kristus kjøpte oss fri fra lovens forbannelse ved at han ble en forbannelse for oss» (**Galaterne 3,13**), og «for også Kristus led en gang for synder, en rettferdig for urettferdige, for å føre oss fram til Gud, han som led døden i kjødet, men ble levendegjort i Ånden» (**1 Petersbrev 3,18**). Videre står det i **Hebreerne 13,10-12**: «Vi har et alter som de ikke har rett til å ete av, de som tjener ved teltet. For offerdyrenes blod blir båret inn i helligdommen av ypperstepresten til soning for synd, men deres kropper blir oppbrent utenfor leiren. Derfor led også Jesus utenfor porten, for å hellige folket ved sitt eget blod.»

Jesus, vårt store syndoffer, kjente ingen synd, men likevel ble Han tilregnet mange synder, og Han led for dem og fjernet dem for oss. Se her hvor mye Gud hater synd, for når Han så det på sin egen kjære Sønn, sparte Han Ham ikke men slo Ham og gjorde Ham til skamme (**Jesaja 53** – les hele kapittelet). Se her Guds store kjærlighet for syndere! Han elsket syndere, men Han hatet synden. Kjærlighet og nåde ville redde synderen, men rettferdighet og hellighet kunne ikke la synden gå ustraffet, så Gud tok menneskenes synd og la det på Jesus, sin kjære Sønn, og straffet Ham slik at Han kunne redde menneskene og tilfredsstille både rettferdighet og nåde.

Når en mann kom med et skikkelig syndoffer, ble ham alltid kvitt synden sin. Og når en mann kommer til Gud med syndofferet sitt, så får han tilgivelse og fred. Han er frelst fra syndene sine. «Derfor skal dere vite, brødre, at ved ham forkynnes syndenes forlatelse for dere. Og fra alt det som dere ikke kunne rettferdiggjøres fra ved Mose lov, rettferdiggjøres i ham enhver som tror.» (**Apostlenes gjerninger 13,38-39.**)

Selv om alle dyrene som lever og spiser
Blødde på tusen bakketopper,
Selv om alt blodet deres rant ut,
Ville offeret være forgjeves,
Syndens merke ville gjenstå;
Synden fjernes ikke slik.

Et bedre offer enn disse
Trengs for å tilfredsstille samvittigheten,
Eller tilfredsstille Herren:
Intet blod kan sone
For menneskenes skyld uten Hans,
Hvis tittel er «Guds ord».

Jesus – Hans navn på jorden:
Kristus – Han kom i kjærlighet for syndere
Og bukket sitt hode og døde:
Full soning ble nå gjort,
Løsepengene betalt av Hans død,
Og rettferdigheten tilfredsstilt.

At syndere kan nærme seg Ham,
Var Guds plan og ordning,
Og fant også løsepenger.
La oss synge løskjøperens pris,
Mens endeløse tidsaldre flyr.

Del 25
Brennofferet

Etter at syndofferet var blitt presentert og offergiverens synd var blitt fjernet, så kunne han bringe brennofferet sitt og presentere det framfor Gud. Dette var et velluktende offer. Det var noe som tilfredsstilte Gud og derfor ikke ble kastet ut som noe som var fordømt, slik som syndofferet, men ble lagt på alteret og ble alterets mat (**3 Mosebok 21,6.8.21, Malakia 1,12**). og ilden fra Gud, som ble matet med det og konsumerte det, var et uttrykk for den gleden som Gud følte når Han mottok det fra offergiverens hender.

Ilden ble ikke tilført alteret av mennesker men kom ut fra Gud. På denne måten aksepterte Han offergavene deres. Og når offeret representerte offergiveren, kunne han føle at offeret var blitt akseptert, og Gud hadde akseptert ham. Og når han så med henrykkelse på den stigende flammen, kunne han si: «Ved den fikk han vitnesbyrd om at han var rettferdig, for Gud vitnet om hans gaver.» (**Hebreerne 11,4.**)

Kristus er vårt brennoffer. Vi bringer Ham til Gud, og Han aksepterer Ham som et helt brennoffer for oss. Han ser oss i Ham, og Han aksepterer oss i Ham og elsker oss som Han elsker sin eneste fødte Sønn (**3 Mosebok 1,4, Efeserne 1,6**).

Her ser jeg den velsignede Jesus mens Han ofrer seg selv til Gud uten noen lyte, og her ser jeg Faderens ublandede glede når Han mottar Kristus og det Han har gjort. Utenfor leiren så jeg den rettferdige dommeren, og Han var sint på synden, og så helte Han hele sin hellige men forferdelige vrede på syndbæreren. Men her ser jeg den kjærlige Faderen, hvis mat og drikke er å akseptere sin egen Sønns person og arbeid. Her ser jeg Jesus gi til Gud det eneste som kan tilfredsstille Ham, og Han gir det til Gud på våre vegne. Han tilfredsstiller Gud for oss.

Dette er virkelig et mest velsignet emne, et som sjelen min ofte fryder seg over. Men jeg må la deg som leser, tråkle deg gjennom de forskjellige Skriftene om brennofferet på egen hånd. Jeg håper at du ikke vil droppe det emnet så snart du har gjort deg ferdig med dette kapittelet, men at du i bønn vil søke Ordet på egen hånd og sammenlikne skriftsted med skriftsted.

De etterfølgende skriftstedene som jeg har funnet, kan være til stor hjelp på det bestemte aspektet ved Kristus som vi får i brennofferet: **3 Mosebok 1,3-13, 16,2-3.24, 1 Mosebok 4,4, Hebreerne 11,4, Efeserne 5,2, Dommerne 13,19-23, 1 Kongebok 18,30-39.**

Faderen gav Sin enbårne Sønn
Hengt for oss på treet:
Hans død er vårt evige liv,
Vår strålende frihet.

Kjærlighet fikk Jehova til å slå,
Kjærlighet fikk Sønnen til å bære:
Hvor søtt å stå på Golgata!
Til kjærlighetens Gud som er der.

Del 26
Matofferet

I syndofferet ser vi Kristus når Han ofrer seg selv for vår synd for hva vi er i oss selv – syndige skapninger. I overtredelsesofferet ser jeg Kristus ofre seg selv for syndene våre, overtredelsene våre, fruktene og virkningene av vår syndige natur – det vi gjør. I brennofferet ser jeg Jesus mens Han presenterer disse for Faderen, for akseptering som tilbedere hvis synd Han har fjernet. I matofferet ser jeg Jesus i Hans liv, men så ren og hellig at både Gud og menneske kan få en fest ut fra Ham. I fredsofferet, som ble ofret til slutt og ble plassert oppå brennofferet og matofferet, ser jeg det velsignede resultatet av alt Hans arbeide og fra Hans død: fred med Gud gjennom vår Herre Jesus Kristus.

Matofferet er beskrevet i **3 Mosebok 2**, og det ville være lurt for leseren å lese det kapittelet før du går videre i denne boken.

Det var et velluktende offer og kunne derfor bli lagt på alteret som mat for Gud. Det representerte ikke Kristus i Hans død, fordi der ikke ble tatt noe liv eller utøst noe blod.

Det bestod av forskjellige materialer, men de var alle sammensatt av jordens grøde. Det var faktisk ganske likt Kains offer. Jeg tar det for å representere vår velsignede Jesus i livet Hans på jorden: en perfekt mann, en modell på hva alle mennesker burde bli i livene sine. Jesus viste ikke bare menneskene hvordan de skulle dø men hvordan de skulle leve. Han åpnet en ny og levende vei gjennom døden inn til himmelen, og ved sitt hellige liv viste Han hvilken karakter og oppførsel som ville være mest akseptabel for Gud her på jorden. Alle menneskene hadde feilet – til og med de gode menneskene som hadde vært bemerkelsesverdige i forbindelse med en spesiell dyd, feilet også i dette på samme måten som andre.

Moses var bemerkelsesverdig når det gjaldt saktmodigheten, men han feilet også i det slik at han ikke kom inn til Kanaan (**2 Mosebok 20,2-13, 5 Mosebok 32,48-51**).

Abraham var bemerkelsesverdig i sin sterke tro på Gud, men likevel ble han overveldet av vantro slik at han løy (**1 Mosebok 20,2.11-13**).

Job var bemerkelsesverdig for sin tålmodighet, men han ble til slutt så utålmodig at han forbannet dagen han var blitt født (**Job 3,1-13**).

Alle mennesker har feilet, og det finnes intet liv som er blitt oppskrevet i Bibelen som menneskene kan se på som en perfekt modell som de kan følge. Så Gud sendte sin Sønn, slik at når menneskene så Ham, kunne de se hva Gud ønsket at de skulle være, og hvordan Han ønsket at vi skulle leve.

Tabernaklet var fullt av skygger – skygger av Kristus – og i matofferet ser jeg hvordan skyggen av et perfekt menneske glir forbi. Matofferet inneholder to skygger, men evangeliene inneholder substansen, realiteten, som er Kristus selv.

Matofferet bestod av fint mel, salt, olje og røkelse. Brød ble bakt av melet, og brød er livets stav. Det gir oss næring og opprettholder livene våre. Kristus gir åndelig brød til døde sjeler, og så gir Han seg selv til folkene sine for å gi næring og opprettholde deres nye liv. Kroppen krever materialistisk mat, men sjelen krever åndelig mat. Den lever på ideer – på tanker.

Det forfengelige sinn mates av forfengelige tanker og blir enda mer forfengelig. Det selvopptatte sinn lever av selvopptatte tanker og blir enda mer selvopptatt. Det velvillige mennesket elsker å underholde snille og ømme tanker overfor de trengende, og hans store hjerte vil vokse seg enda større. Den sjelen som er født av Gud, har en appetitt for Kristus. Han elsker å tenke på Ham. Hver ny ide han får av Kristus, er søt og god mat som hans sinn mates av med nytelse.

En håndfull av matofferet ble lagt på alteret og konsumert av ilden, og resten ble spist av prestene. Prestene representerer Kirken. Gud og prestene fant mat i samme matoffer, og Gud og Hans folk mates av det samme – på Kristus. Guds sinn og den kristnes sinn finner glede i Kristi velsignede skikkelse. Dette er samfunn med Gud; dette er fellesskap med Faderen. Måtte du som leser, og jeg som skriver, begge vite av erfaring hva et levende samfunn med den levende Gud betyr. Måtte vi finne vår hvile og glede i Jesus Kristus, ikke bare på grunn av Hans forsonende død, men også fordi æren fra Hans person, i usigelig søthet, manifesterer og lovpriser Faderen i Hans liv her nede!

Vi vil forstå matofferet bedre dersom vi tar i betraktning de andre ingrediensene. Olje ble helt over melet. Dette representerer Den Hellige Ånd, som ble helt over Kristus uten begrensning (**Apostlenes gjerninger 10,38, Johannes 3,34, Matteus 3,16**). Den samme oljen er gitt til Guds folk for å gjøre dem til matoffer framfor Herren (**Lukas 24,44-49**).

Så har vi saltet. Salt bevarer fra bedervelse. Det var salt i Kristi konversasjon. Ordene Hans ødela aldri noen. Den Kristne burde være som Kristus. Ordene hans burde være krydret med salt. Men leseren bør undersøke de følgende skriftstedene for å få et ganske godt syn av denne delen av matofferet og dets åndelige applikasjon: **3 Mosebok 2,13, Kolosserne 4,6, Markus 9,50, Lukas 14,34, Matteus 5,13, Job 6,6**.

Helt til slutt var det røkelse i matofferet. Dette er et krydder som sender opp en søt lukt når det blir brent. All røkelsen skulle brennes på alteret, alt var for Gud. Det var veldig mye i ånden og livet til Jesus som vi ikke kan forstå eller sette pris på, men Gud forstod det og verdsatte det. Hver tanke i Hans hjerte, hvert ord og hver handling i livet Hans, og de innbyrdes motivene som alle gjerningene i livet Hans sprang ut fra, ble alle forstått og satt pris på av Faderen. Alt i Hans indre liv og alt i Hans ytre liv var en søt duft for Herren.

Han kommer osende av røkelse!
Sions datter, høye prestelige Konge:
Ta med deg røkelse og krydder, alle typer parfyme.
Se på gullbjellene hvor søtt de klinger!
Søt er deres nådefulle lyd i Hellige ører,
Og har de, sjulamitt, ingen sjarm for dine?

Materialene som ikke var med i matofferet, var honning og gjær (surdeig).

Gjær er ødeleggende. Derfor var det ekskludert fra offeret, som var en skygge av det perfekte mennesket som aldri hadde noen korrupt tanke i sitt sinn. Betydningen av gjær som et emblem, vil kunne hentes fra følgende skriftsteders som du kan lese for deg selv: **2 Mosebok 12,15-19, 13,6-7, 34,25, 3 Mosebok 2,11, 6,17, 10,12, Matteus 13,33, 16,6-12, Markus 8,15-21, Lukas 12,1, 1 Korinterbrev 5,6-8, Galaterne 5,6-10**.

Honning var også ekskludert fra matofferet. Honning er søt, men den vil ikke overleve ilden. Ild ødelegger honning ved å forårsake at den fermenterer (gjærer) og så blir sur. Ilden forbedrer røkelsen men ødelegger honning.

Vår gode natur er lik honning. Vi er veldig gode og hyggelige så lenge vi blir tilfredsstilt, men når vi testes av ilden, som i **Jakob 3,3-6**, så fermenteres honningen og blir sur. Slik er det ikke med Jesus Kristus. Ilden prøvde Ham. Både god ild og dårlig ild testet Ham, men prøvelsene bare viste at det ikke fantes noe i Ham som ikke kunne gå opp til Gud som en søt, duftende lukt.

Del 27
Fredsofferet

Vi leser om fredsofferet i **3 Mosebok 3** og **7**. Det ble brent oppå brennofferet og gir oss et velsignet aspekt ved Kristi offer. Det synes å fortelle oss om det gledelige resultatet at alle disse utgiftene av kjærlighet og godhet ved Kristus, er fred med Gud.

Fred er et annet ord for lykke. Det er hva alle mennesker søker men hva ganske få klarer å finne. Det er ikke fordi fred ikke er noe som kan finnes, men fordi menneskene søker etter den på feil sted og feil måte.

I de mosaiske seremoniene skulle det være et syndoffer og et brennoffer før en kunne ha et fredsoffer, og på samme måten må en mann først komme til Gud som en synder og få satt vekk synden sin. Han måtte først komme til Gud som en tilbeder for å bli akseptert i Kristus og må mates med Kristus som i matofferet. Konsekvensen av alt dette vil være fred – en slik fred som ingen andre kan kjenne til eller på noen måte kan vite om, uten å komme til Kristus. Men dersom leseren vil søke gjennom de følgende skriftstedene, vil han få sannheten fra kilden, og han har like mye rett til å gå til kilden som noen andre.

Mitt hovedmål med å skrive denne lille boken er å vende de kristnes oppmerksomhet til Bibelen, med en følelse av overbevisning om at det ikke finnes noen annen måte vi kan fullt ut kjenne til Guds tanker. Andre gode bøker er bekker fra kilden, og de er mer eller mindre gjørmete. Men Bibelen er kilden, og vannet til denne kilden er krystallklart og fullt av helbredende egenskaper.

Les **Romerne 5,1, 15,3, Efeserne 6,15, Sakarja 6,13, Kolosserne 1,19-22, Johannes 14,27, Job 22,21, Salme 29,11, 119,165, Jesaja 9,6-7, 27,5, 53,5, Johannes 16,33, Romerne 1,7, 1 Korinterbrev 1,3, Romerne 8,6, Galaterne 5,22, Filipperne 4,7, Kolosserne 3,15, 2 Tessalonikerbrev 3,16, Jesaja 26,3, 2 Peter 3,14**.

Del 28
Leirens marsj
gjennom ødemarken

*Når leiren bryter opp, skal Aron og hans sønner gå
inn og ta ned det dekkende forhenget og bre det
over vitnesbyrdets ark. De skal legge et dekke av
takasskinn over den og over dette igjen bre et klede
i ekte blå purpur, og så sette inn bærestengene.
Over skuebrødet skal de bre et purpurblått klede,
og på det skal de legge fatene og skålene og
begrene og drikkofferkannene, og det stadige brød
skal også ligge der. Over alt dette skal de bre et
karmosinrødt klede og legge et dekke av takasskinn
om det og sette inn bærestengene. Så skal de ta et
blått purpurklede og med det dekke lysestaken og
dens lamper og lysestakene og brikkene og alle
oljekarene som brukes til tjenesten ved den. De skal
legge den og alt som hører til den, i et dekke av
takasskinn og legge det på en båre. Over det
gullkledde alteret skal de bre et klede av blå purpur
og legge et dekke av takasskinn om det og sette inn
bærestengene. Så skal de ta alle de redskapene som*

*brukes til tjenesten i helligdommen, og legge dem i
et klede av blå purpur og dekke den til med et dekke
av takasskinn og legge den på en båre. Alteret skal
de rense for asken og bre et rødt purpurklede over
det, og på det skal de legge alle de redskapene som
brukes til tjenesten ved alteret: fyrfatene,
kjøttgaflene og ildskuffene og skålene til å stenke
blod med, alle de redskapene som blir brukt ved
alteret. De skal bre et dekke av takasskinn over dem
og sette inn bærestengene.*
4 Mosebok 4,5-14

4 Mosebok er i virkeligheten historien om ødemarken. Den begynner med de første bevegelsene etter tabernaklet ble satt opp og slutter med Guds folk som har slått leir på slettene i Moab, ved Jordanelva, nær Jeriko, og finner sted i en tidsperiode på 38 år og 10 måneder. (Se **4 Mosebok 1,1** og **5 Mosebok 1,3.**)

I denne boken behaget det Herren å gi folket sitt mange verdifulle instruksjoner i å respektere ordenen de skulle marsjere i, og mange høytidelige advarsler med hensyn til farene de ble utsatt for i løpet av vandringen i ødemarken. Den var også deres guide som reisende med instruksjoner og advarsler, akkurat som 3 Mosebok var deres guide om tilbedelse.

Leiren var, mens de marsjerte, som en Kristi kirke i aktiv tjeneste, avhengig av at Gud ville sørge for alt den trengte, og alltid følge Guds ledelse i ilden og skyen. I historien i denne boken ser jeg levende bilder på kirkens erfaring i verden, som hun må reise gjennom for å komme til det himmelske Kanaan – det nye Jerusalem – Guds paradis, hvor hun vil hvile fra alle sine sorger og alltid være med Herren.

Så snart et menneske blir til en kristen, føler han at denne verden og alle ting i den er blitt forandret. At verden som har vært hans hjem inntil nå, er en hylende ødemark, og han føler seg som en fremmed, hatet og foraktet, hvor han før omvendelsen hadde vært kjent og elsket. Verden er ikke venner med nåden og vil ikke hjelpe oss til å komme til Gud. Den vil fange oss og hindre oss men vil aldri hjelpe oss. Den vil skitne til hendene og føttene våre. Den vil skitne til klærne våre og såre sjelene våre. Men den vil aldri fjerne noen forurensning fra hjertet eller livet.

Men akkurat som folket Israel hadde tabernaklet i sin midte når de reiste, så har Guds folk i dag Herren Jesus med seg gjennom sin ørkenvandring. Når de lener seg mot Hans armer og konverserer med Ham, så glemmer de ofte tid og sted – og strev. Å ha Ham som reisefølge, kan forandre en vanskelig vei til en lett sti. Smerten er så søt, og arbeidet er hvile når sjelen nyter følelsen av Kristi nærvær. I Hans velsignede selskap mister ødemarken mye av tristheten sin,

og den synes å blomstre som en rose så lenge Han er ved vår side.

Det er gitt til noen av Hans kjære etterfølgere å fryde seg, selv på lidelsens tornete vei, med usigelig glede og full av ære. Vår Gud gir dem en underfull forsmak av himmelen på jorden, i hellig samfunn med Faderen og med Herren Jesus Kristus (**1 Johannes 1,3**). La Guds kjære folk vite at samme hvor svak og uverdige de må føle seg, så er denne gleden, dette samfunnet med Gud, deres velsignede arv i Jesus nå – glede, Jesu fred, i sjelene deres, med trengsel i verden. Slik er den kristnes «ødemarksliv», men med en forvissning av en fremtidig arv som Israel, jamfør: «Jeg vil gi dere hvile.»

Israelittene kunne ikke marsjere uten tabernaklet i midten av leiren (**4 Mosebok 2,17**), og kirken burde alltid huske at hun heller ikke kan gjøre noe uten Kristus. Kristus må være i midten av henne, og Han må oppholde seg i henne, for ellers vil hun ikke ha noen kraft til å overvinne fiendene sine eller å produsere frukt for Gud (**Johannes 15,4.9**).

Vil leseren nå slå opp på ny de første to versene ved begynnelsen av denne delen av boken: **4 Mosebok 4,5-6**. Arken var en velsignet illustrasjon av vår Herre Jesus Kristus. Slik som den fulgte folket gjennom ødemarken, slik går Kristus med sitt folk gjennom verden, som deres følgesvenn som heier på dem, som deres guide for å lede dem og deres beskytter for å forsvare dem. Han er med dem hele veien, helt til slutten. Andre går seg kanskje lei eller forlater oss, men Han vil aldri forlate oss (**Hebreerne 13,5**).

I arken var loven dekket og båret i deres midte, og slik er Kristus med oss på ethvert sted av lovens ende for rettferdighet. Loven var der, men nådesetet dekket det. Og blodet som ble stenket på det, forstummet stemmen dens slik at den verken ble hørt eller sett. For oss ble Kristus laget under loven. Han led for oss, den rettferdige for de urettferdige.

Nå går Han med oss som den som har betalt all gjelden vår og satt oss fri. Og når vi drar videre på reisen vår, og frykten overtar oss og vil kaste oss ned, så hvisker Han i ørene våre: «Frykt ikke, for jeg er i live i all evighet!» Kristus er med folket sitt som frikjøperen som døde for syndene deres, og ble rettferdiggjørelsen deres og stod opp igjen fra de døde. Denne velsignede er alltid nær folket sitt. De må ikke forlate ødemarken for å finne Ham. Han er sammen med dem i den, for å holde dem fra å være av den, og å løfte seg over den. Han er nær nok til å trøste og hjelpe sine prøvede. (Les **Romerne 10,6-9**.)

Å, at pilegrimer ville se mer til Jesus og mindre på sine egne korrupte hjerter! Ingenting er som å se til Jesus. Dersom du gjør det, så vil din daglige reise bli behagelig, og du vil daglig vokse sterkere i Herren mens fiendene dine vil bli svakere hver dag. Ingenting gir mer kraft til å erobre verden enn å se til Ham. Ingenting presser kjødet lengre ned og Satan lengre bort enn dette. Se på Jesus, og du vil bli forandret til Hans bilde. Klærne vil bli gjort hvite og rene, og synden vil bli mer og mer en vederstyggelighet for deg. Se til Jesus, og du vil miste synet av loven og skylden og fordømmelsen, og du vil få fred med Gud gjennom vår Herre Jesus Kristus – du vil ha fred i troen.

Den gylne gryten med manna ble båret i arken gjennom ødemarken i midten av leiren. Dette var gjemt manna. Manna var mat for ødemarken. Det var brødet fra himmelen som Jehova mettet og opprettholdt folket sitt med gjennom sin lange vandring. Det var et emblem av Guds brød som kom ned fra himmelen for nesten 2000 år siden, og som nå er livets stav for alle Guds folk. Kristus er nå med folket sitt i denne verden som maten deres, deres daglige brød, den konstante støtten og fornyelsen av sjelene deres. Denne mannaen går med Guds folk. De bærer det med seg, og de har det alltid nært. Kristus er alltid nær og for alltid søt. Velsignet er de som hungrer for, blir fylt av og tilfredsstilt av denne vandringens mat, som Gud har forsørget sitt folk med, nå som de er langt borte fra sin Faders hus og hjem. Det var ingen mat for dem i ødemarken, men Gud ga dem brød fra himmelen. Denne verdens mat gir ikke noe mat til Guds folks sjeler, men Gud dekker et bord for dem.

Dette var den gjemte mannaen. Herren avslører den overfor sitt eget folk mens andre ikke kan se den. De får aldri smake Guds brød. De er fremmede overfor de hellige gleder, trøst og støtte som blir gitt helt fritt til den frikjøpte, Guds familie. Menneskene i denne verden vil foretrekke kjøttgrytene i Egypt, denne verdens gleder. De har ingen appetitt for åndelige ting. Men Guds folk har en appetitt for Kristus. De sulter og tørster etter rettferdighet, de tørster etter den levende Gud. Menneskene blir ydmyket før de blir opphøyet. De lider med sult før de blir matet med manna (**5 Mosebok 8,2-3**). Vet du hva åndelig hunger er? Dersom du gjør det, så er du velsignet. Velsignet er alle som sulter etter Kristus, for de skal bli fylt og tilfredsstilt av søthet.

Arons stav ble båret i arken. Denne døde staven ble gjort levende igjen og fikk igjen bære underfulle frukter, og det viste at Gud hadde utvalgt Aron til å være yppersteprest over Guds hus og folk. Aron var et vakkert bilde av den velsignede Jesus, vår store Yppersteprest, som nå er over Guds hus og alltid er klar til å hjelpe oss og velsigne oss. Jesus står mellom folket sitt og Gud – det guddommelig oppnevnte mediet som vi kan komme gjennom for å nå frem til Gud og få velsignelse og nåde. Denne staven reiste med dem, og vår Jesus er alltid med oss, og Han er for alltid ombundet og er alltid klar til å hjelpe oss. Hva ville vi gjøre uten en prest som kunne be for oss og frigjøre oss fra synd? De beste av oss synder daglig. Synden fra enhver time i livet ville ha vært nok til å stenge oss ute fra himmelen, hvis det ikke hadde vært for Jesu inngripen. Vi har en «stor Yppersteprest». Vi trenger ingen annen. Vi vil ikke bekjenne oss til noen annen, for Han er i stand til å frelse alle som kommer til Gud gjennom Ham.

Nådestolen

Den gikk med folket under hele reisen. Og vi har også, pris skje Gud, en nådestol, en soning, en trone av nåde, som alltid er oss nær. Kristus er vår nådestol og vår soning, og Han er alltid med oss, aldri langt fra oss, men alltid så nær at en tanke eller ønske eller hvisken, dersom den blir presentert til Gud gjennom Ham, vil helt sikkert nå Guds øre og finne aksept. Vi må ikke gå til Jerusalem for å tilbe, men på alle steder kan vi løfte opp hjertene våre og stemmene våre til Gud, i Kristi navn, og bli akseptert.

Kjerubene

De satt på nådestolen. De var virkelig en del av den, for de var hamret ut av det samme stykket med rent gull som nådestolen: «Du skal lage to kjeruber av gull. I drevet arbeid skal du lage dem og sette dem ved begge endene av nådestolen. Sett den ene kjeruben ved den ene enden og den andre kjeruben ved den andre enden. Dere skal lage kjerubene i ett med nådestolen, en på hver ende av den.» (**2 Mosebok 25,18-19.**)

La oss nå snu oppmerksomheten vår mot **Johannes' åpenbaring 4,1**. Der vil vi se en dør åpnet i himmelen, som vi må se igjennom for å se dette lykksalige stedet. La oss bruke det fjerde verset og bruke det som et glass som vi kan se gjennom for å kunne åpne den døren. Så vil vi se at rundt tronen var det 24 seter eller troner, og på dem satt de 24 eldste, kledd i hvite klær og med gullkroner på hodene. I det tiende verset ser vi de velsignede falle ned foran Ham som sitter på tronen og tilbe Ham med hengivenhet. Som kjerubene sees rundt tronen, er også disse frikjøpte rundt Guds trone i himmelen. Som de sprer vingene sine og ser på hverandre, og mot nådestolen, så ser man også de frikjøpte her falle ned foran Gud og tilbe Ham. Disse er kirken, Kristi brud, som er frikjøpt med blod og kledd i hvite klær og plassert nærmest Kongens trone.

Nå er kirken i ødemarken, men hun er koblet til Kristus. Hun er så forent med Ham at hun kan ikke bli kuttet av. Kristus og kirken er ett. Hvor velsignet det er å tenke at slike verdiløse skapninger som de hellige er i seg, skulle bli plassert nærmere Kongen enn noen engel eller erkeengel i himmelen – at de skulle sitte med Ham på tronen Hans og dele med Hans ære med Ham i all evighet!

Dette forhenget ble tatt ned fra de gylne krokene som var under gullfargen i dekningen som ble formet i taket av tabernaklet, og det ble kastet over vitnesbyrdets ark. **Hebreerne 10,19-20** viser, som det er blitt sagt på et annet sted, at forhenget representerer Kristi rene menneskelighet, at hellig kjød som ble dekket av Guds herlighet som ingen kunne se på og leve. En gang i livet tillot Han at herligheten skinte utover i en liten stund, når tre disipler var med Ham på fjellet (**Matteus 17,1-8, Markus 9,1-8, Lukas 9,28-36, 2 Peter 1,16-18**).

Ansiktet Hans lyste som solen, og klærne Hans var hvite som lyset. Peter snakker om synet og sa: «Men vi hadde vært øyenvitner til hans storhet. For han fikk ære og herlighet av Gud Fader, da en slik røst lød til ham fra den aller høyeste herlighet.»

I tabernaklet skulle forhenget skjule herligheten som var altfor sterk for menneskeøyne å beskue. Og når leiren marsjerte, dekket det samme forhenget arken og nådestolen og kjerubene. Gud kommer til oss, lever med oss og vandrer med oss, men Han gjør alt dette i Kristus. Kristi menneskelige kropp er forhenget som skjuler Guds herlighet, som vi ikke kan se på med utildekket ansikt. I sin store kjærlighet kommer Gud til oss ved Kristus. Kristus er et menneske, det reneste og beste mennesket som noensinne har levd. Vi føler at i Ham har vi en venn, en slektning, en bror, og vi er ikke redd for Ham. Gud kommer til oss gjennom Ham, og vi kommer til Gud Fader gjennom Ham.

Over dette dekkende forhenget var en annen tildekning laget av grevlingskinn. I forhenget ser vi den rene, plettfrie og usigelig vakre naturen til Kristus, det som kaller ut all vår beundring og vinner vår kjærlighet. men her ser vi det som er uttrykk for dyp ydmykhet. Jesus Kristus er her sett reisende gjennom ødemarken, kledd i grevlingskinn. Han ydmyket seg selv.

Vi er alle bekymret over ikke å bli verdsatt. Vi er uvillige til å være intet og la Kristus være alt i alt for oss. Det er veldig instruktivt å huske at den eneste mannen som noensinne har levd med noen rett til å sette seg opp til å være noen, Han var en veldig ydmyk mann.

De fattige nærmet seg Ham uten frykt og fortalte Ham sine triste historier. Og nå kan de fattige og syndige sjelene, som føler seg sjofle og ugjorte, komme til Ham med selvsikkerhet, for Han sier: «Den som kommer til meg, vil jeg ingenlunde støte bort.» De aller verste kan komme til Ham og bli frelst, til og med dem som djevelen har kastet bort, om de kommer ut fra selve helvete og retter sine øyne mor Jesus. De kan alle bli fridd fra synden og den kommende vreden.

Over dette grevlingskinnet – merket på ydmykhet – var en tildekning av bare blått. Dette representerer Jesu Kristi himmelske karakter. Han levde som et menneske blant mennesker på jorden, men Han var Herren fra himmelen når Han gikk og snakket med menneskene her. Han sa det som ingen andre kunne si: «Ingen er steget opp til himmelen uten han som er steget ned fra himmelen, Menneskesønnen, som er i himmelen.» (**Johannes 3,13.**)

Dersom vi vandrer med Kristus på jorden, så skal vi bli forvandlet til Hans bilde og på den måten bli tilpasset for å leve med Ham i all evighet. Gud kunne ha oss bli lik seg selv slik at Han kunne glede seg over oss i himmelen for alltid. Han gir oss Kristus, det himmelske mennesket, til å bli vår kompanjong på jorden. Det finnes mange mennesker som ønsker å dra til himmelen men som ikke har noen lyst til å bli lik Ham nå. De ønsker å møte Ham i fred ved livets ende men bryr seg ikke om å ha fred med Gud gjennom Kristus nå. Hvordan kan disse menneskene forvente å være lykkelige med Gud i all evighet? De plasserer Gud så langt borte fra tankene sine som overhode mulig nå, og likevel tror de at de vil være lykkelige i Hans nærhet for alltid. Kjære leser! Dersom du ønsker å leve med Gud i himmelen, må du leve for Gud her på jorden. Dersom du ønsker å være nær Ham der, må du være nær Ham her.

Etter at all tildekningen ble lagt på arken, måtte stavene settes inn. Disse var et uttrykk for en reisende tilstand. Det synes som om de vitner om nåde og kjærlighet. De forsikret Israel at vår Herre og Frelser, Jesus Kristus, vil være med oss hele tiden vi er på jorden, og så skal vi bli hos Ham for alltid. Han vil gå med oss i prøvelsene våre og sorgene våre, Han vil gå med oss i ildprøvene, Han vil rense hjertene våre ved tro og vil gjøre oss i stand til å fryde oss foran Ham i all evighet.

Bordet med skuebrødet og hvordan det ble båret (4 Mosebok 4,7-8)

En mann som er blitt en pilegrim, har fått en ny natur. Han har mottatt et liv fra Gud inn i sjelen sin. Dette nye og hellige livet må bli opprettholdt og matet med passende mat. Gud har sørget for sine kjære barn her i denne varden. Han har dekket et bord for dem rett foran fienden deres, som ønsker å se at de sulter til døde. Og dette bordet blir båret gjennom ødemarken. Mens de er langt hjemmefra her i denne varden, så er de ikke langt vekke fra bordet som Faderens kjærlighet har besørget. Kristus, maten vår, er alltid nær.

På dette bordet finner vi en blå duk, og fatene, skjeene, skålene, dekslene og det evige brødet var plassert oppå den. Dette minner oss om Kristi himmelske karakter og at de som lever i Ham, vil vokse mer og mer himmelsk i sine liv og oppførsel. Fatene som ble båret gjennom ødemarken, inneholdt antageligvis salt. Husk på at livene våre, oppførselen vår og især det vi sier bør krydres med salt. Når kristne møtes sammen, burde de ikke bare småprate. Samtalen deres burde ikke være uinspirert og uten smak. Det skulle heller ikke være en samtale som forderver tilhørerne. Vi burde ha salt i oss selv, slik at når vi snakker, kan det bli til oppbyggelse for dem som hører på.

Det burde også være salt i hjertene våre, for da ville det være salt i munnene våre. Og ordene som renner ut fra leppene våre, vil fjerne de syndige, trøste vårt bekymrede sinn og instruere den uvitende, men de ville ikke ødelegge eller skade noen. Dette saltet blir besørget for oss. Det står på bordet som reiser med oss gjennom ødemarken. La oss komme oftere til Kristus, la oss leve mer av Ham, for da skal vi ha salt i oss selv. Bordet er Kristus, og saltet er Kristus, og alt på bordet er Kristus i en eller annen sammenheng.

Skålene eller vinkoppene ville bli fylt med vin når leiren hvilte og når den marsjerte. Når bordet stod på bena sine i det hellige og ble båret på skuldrene av levittene, natt og dag, til alle tider og under alle omstendigheter, så var det vin på bordet. Vin er et bilde på nytelse. Guds folk har virkelig nok lidelse her i denne verden, men i Kristus er bordet dekket for oss, og der finner vi hvile, glede og fred.

Den nye vinen av ren og himmelsk nytelse blir besørget for og fritt gitt til pilegrimene mens de reiser gjennom denne kjedelige og sorgtunge verden. Denne vinen er alltid tilgjengelig, den står alltid på bordet. Koppen renner over med ny og rene nytelser, slike som bare Gud kan gi. Verden og kjødet har den gamle vinen, som forgifter sjelen, svekker sinnet og gjør oss ute av stand til å tilbe og tjene Gud. Men gledene som Gud, vår Far, har besørget for sine barn og venner, og som Han ber oss om å drikke fritt fra, styrker oss og gir oss næring til hjertet med nåde, trøst av sinnet og opphøyelse av tankene til Guds trone og Jesus Kristus.

Fra alt dette har jeg lært at gjennom en frafallen og syndig verden, og omringet på alle kanter med elendighet og død, så trenger ikke den kristne å være ulykkelig. Han burde istedenfor være fylt av glede og fred i troen (**Filipperne 4,6-7**).

Du som leser, kan observere at de gode tingene på dette bordet – saltet, vinen og det evige brødet – var dekket med en duk med purpurblå farge. Denne fargen, som antyder lidelse og død, blir sett og må bli håndtert og fjernet før saltet, vinene eller brødet kan smakes på eller bli sett. Dette minner oss om at det kostet Kristus livet for å kunne gjøre i stand dette bordet for oss. Med ømhet og kjærlighet sier Han: «Et og drikk! Drikk deres glade, mine kjære!» (**Salomos høysang 5,1.**)

Vi vil motta alle evangeliets privilegier og velsignelser med takknemlighet og glede, men vi må aldri glemme at disse har kostet Herren mer enn vi noensinne vil forstå. Begeret vårt renner over med velsignelser og glede, men før Han kunne sette det framfor oss og invitere oss til å drikke, så måtte Han ta vredens beger fra sin Far. Det var da en bitter kopp, fylt til randen med dom for synd. Hadde Han ikke tatt imot den, måtte den ha blitt gitt i våre hender, og vi ville ha måttet smake på den hellige vredes vin. Men i kjærlighet løftet Jesus koppen, drakk den opp, tømte den for bitterhet og fylte den med søt vin av himmelske gleder. Og dette, kjære leser, er den koppen Han gir til sitt folk. Jeg inviterer deg til å ete og drikke i ødemarken, og jeg vil bønnfalle deg at du aldri glemmer å overse sannheten som denne bedekningen antyder.

Under denne duken var det en bedekning av grevlingskinn. Mens menneskene så på bordet som ble båret på skuldrene av levittene, så ville de bare se grevlingskinnet. Brødet og vinen ville ikke kunne sees. På samme måten er det mange i dag som ikke ser Jesus som noe vakkert og attraktivt. De ser grevlingskinnet – Kristi ydmykhet – men ikke noe annet. De ser Ham fattig, men de kan ikke se Hans strålende verdighet og de virkelige rikdommene som blir del til folket Hans fordi Han ydmyket seg til døden. De ser lidelsene Hans, men de kjenner ikke til den underbare helbredelsen som vi får ved Hans slag. De ser Ham dø, og de forblir fremmede overfor det livet som kommer til oss gjennom døden Hans. Jeg fryder meg over å stå og beundre grevlingskinnene, vel vitende om hva som fulgte etter Kristi lidelse. Med dyp takknemlighet husker jeg at Jesus ydmyket seg selv slik at Han kunne berike og opphøye sine etterfølgere. Jeg burde også huske at dersom jeg spiser og drikker slike ting som blir satt framfor meg på dette bordet, så skal jeg bli mer oppmerksom på himmelske ting og mer ydmyk. Jeg vil aldri glemme dette men vil for alltid vende meg mot Gud og si:

Led meg, o, du store Jehova,
Pilegrimer på vår vandring her,
Jeg er svak men du er mektig,
Hold meg med din store hånd,
Brød fra himmelen!
Mat meg nå og i all tid.

DEL 29
LYSESTAKEN

Instruksjoner om hvordan dette skulle bæres finner vi i **4 Mosebok 4,9-10**. Når en reiser igjennom en mørk verden, så trenger den kristne lys, og vår Gud har med stor nåde sørget for at vi har lys, og Han får lyset til å følge med oss gjennom verden. Ved Ordet og Den Hellige Ånd gir Kristus folket sitt lys for å muntre dem opp og lede dem gjennom mørket og den tilstedeværende ondskapen.

Lysestaken og alle dens instrumenter, og karene som hører til den, ble satt på et plankebord og dekket med et blått klede og grevlingskinn, noe som minner oss om at Guds folk, med Ordet og Ånden inni seg, burde være ydmyke og rettet mot himmelen.

Se den fantastiske gaven av kjærlighet,
Som Faderen har gitt,
Til oss syndige mennesker,
For å kalle oss Guds sønner:
Dekket ligger denne æren,
Ukjent av den mørke verden;

En verden som ei vet når Han kom,
Guds evige Sønn.

Del 30
Forsoningsdagen

Å respektere de viktige tjenestene på denne dagen var utrolig viktig. Instruksjonene om dette finner vi i **3 Mosebok 16**, et kapittel som vil bli til umåtelig velsignelse dersom en leser det sammen med **Hebreerne 9**.

Den var alltid på den tiende dagen i den syvende måneden av året. Det var den største dagen i året og ble sett fram mot med den dypeste interesse av alle som visste noe som helst om syndens ondskap og velsignelsen innen forløsningen og tilgivelsen. For bare på den dagen kunne syndene deres bli fjernet like langt som øst var fra vest (**Salme 103,12**), og de og Gud kunne bli ett.

Det ble kalt forsoningsdagen, for på den dagen ble den synden som hadde kommet mellom Gud og folket Hans, fjernet, og de to partene ble til ett. Hebreerne viser på en velsignet måte at den kristne dispensasjonen er vår forsoningsdag eller frelsesdag, og i løpet av hele denne dagen er Ypperstepresten vår innenfor forhenget. Vi som tror, blir frelst her gjennom det som Han gjorde der. Det er bare synd som kan skille oss fra Gud, og dersom synden blir fjernet, så vil den distansen bli tilintetgjort. Den store avstanden vil lukke seg, og den store Gud og sjelene våre vil bli brakt sammen og gjort til ett – så mye ett vil vi bli at vi ikke kan fjernes fra hverandre igjen.

I løpet av denne dagen blir Guds velsignede evangelium forkynt til et skyldig verden. Menneskene blir fortalt at Jesus, som en gang dukket opp på jorden for å fjerne synden ved å ofre seg selv, nå står i himmelen på våre vegner, og Han frelser alle troende.

Vi vet ikke hvor lenge denne dagen vil fortsette. Vi lever nå sent på kvelden av denne dagen. Natten nærmer seg. Dommens natt vil snart begynne, og hvilken natt det vil bli for de ugudelige! Men la den testede hellige huske på at det vil være en mørk natt for de syndige og en lys morgen for kirken. Vi må fortelle verden om at natten kommer snart, men til de hellige sier vi at morgenen kommer, for «så skal og Kristus, etter å være ofret én gang for å bortta manges synder, annen gang bli åpenbaret, ikke for syndens skyld, men til frelse for dem som venter på ham» (**Hebreerne 9,28**).

Det er virkelig en høytidelig tanke at Jesus, som nå er vår Yppersteprest, snart vil komme fra himmelen og ta sin plass på tronen sine med kronene sine på hodet. Da vil Han fri verden fra all dens opprør og ondskap. Han vil dømme nasjonene, straffe fiendene sine og belønne tjenerne og vennene sine. Nå er frelsens dag. Da vil det bli tid for Hans hellige vrede. Nå venter Han på syndere med nåde som Han vil gi dem. Da vil Han komme for å dømme de ugudelige.

Må vi alle stå foran Hans ansikt med glede og kjenne at denne dommeren er vår personlige venn, vår bror, vår Frelser!

Del 31
Innvielsen av prestene

La oss med bønn i hjertet slå opp **2 Mosebok 29** og **3 Mosebok 8**, og etter å ha lest disse kapitlene, forsiktig også lese **Hebreerne 3-10**. Dersom du er ute etter å få de velsignelsene jeg ønsker at du skal få del i, så vil du ikke mene at dette er for mye arbeid. Det er den flittige som oppnår rikdom, og ingen kan forvente seg å bli rik i sannheten som ikke er villig til å jobbe hardt i bønn mens en søker i Skriften. En må jobbe hardt for å få en skatt ut av en dyp gruve, og en må jobbe hardt for å få masser av hellig sannhet fra denne boken.

Dersom du er en som oppriktig søker sannheten, så ber jeg deg om at du ikke mister motet på grunn av ordene ovenfor, for dersom du føler et behov for å finne sannheten og søker den med ydmykhet, så vil du finne det, for «den som søker, skal finne».

Ofte tenker jeg på det skrevne Ordet som jeg gjør på Kristus, det levende Ordet. Det var mye i Kristus som ikke ble oppdaget av den vanlige mann og kvinne. Det selvgode mennesket kunne ikke se noe vakkert eller attraktivt i Ham. Det stolte mennesket kunne ikke se noe beundringsverdig i Ham. Men den ydmyke sjelen, som har følt sin egen fattigdom og synd, så alt i Jesus som fullt ut kunne tilfredsstille alle behov. Jesus avslørte seg selv for den troende og trengende og gjemte seg fra de stolte og selvgode.

Slik er det også med Bibelen. Det du vil finne på disse hemmelige sidene, vil avhenge av hvilken sinnstilstand du er i når du leser dem. Og dersom du føler et dypt behov for instruksjonen som finnes i disse delene av Bibelen som jeg har nevnt for deg, så vil du ikke føle at det er for mye arbeid å lese dem og å søke gjennom dem på ny og på ny, slik at du kan få de velsignede skattene som de inneholder. Ved å nærme deg Ordet på denne måten, vil du kunne finne all den sannheten du trenger. (Se **Salomos ordspråk 2,1-5**.)

Men la oss komme tilbake til emnet vårt. Mosebøkene og Hebreerbrevet er som en lås og en nøkkel. Den ene låser opp og åpner den andre. Jeg tror ikke at noe menneske fullt ut kan forstå hva Kristus er, hva Han har gjort, og hva Han gjør nå ved bare å lese Det nye testamente. Og ingen kan forstå alt han burde vite om Kristus ved å bare lese Det gamle testamente. Vi trenger begge deler. Det ene kaster lys over det andre, det ene forklarer det andre. Dette er hvorfor jeg er så oppsatt av å se nærmere på innvielsen av prestene og at du som leser, skal først ha lest i 2 Mosebok og 3 Mosebok før du slår opp i Hebreerne.

Aron var, når han stod alene, et bilde på Kristus, som igjen er den kristnes eneste Yppersteprest. Men Aron og sønnene hans, når de var sammen, representerte Kristus og kirken. Jesus er den store Ypperstepresten, og folket Hans er de vanlige prestene, det åndelige avkom og brødre til Kristus. Aron var et velsignet forbilde på Kristus, og Kristus er det forbildet som alle vanlige prester – alle troende – burde søke å bli. La oss alltid huske dette, og istedenfor å søke så ivrig å trå i menneskenes fotspor og snakke og handle som enkelte store menn, så burde vi ta Kristus som forbilde og modell og forsøke å leve og snakke og gå som Ham.

Du vil kunne observere at Aron og sønnene hans ble tatt ut fra folket, avdelt fra leiren og brakt til døren til oppholdsstedet til den aller høyeste. Slik var Kristus utvalgt av Gud. De vanlige prestene som tjener under Kristus, Ypperstepresten, er utvalgt i og ved Kristus. Der er et folk som er blitt oppsøkt (**Jesaja 62,12**), utkalt og adskilt i ånden fra verden, og de må stå med Kristus, nær Gud, i lykkelig fellesskap med Faderen og Sønnen (**Johannes 15,16-19, 17,8-14, Romerne 8,30, 1 Peter 1,15**).

Etter at Aron og sønnene hans var blitt adskilt og brakt til døren til tabernaklet, ble de vasket med vann. Her blir Kristus og kirken sett stående sammen som forbilder. «Og jeg helliger dem, for at også de skal være helliget i sannhet.» (**Johannes 17,19.**)

Dere menn! Elsk deres hustruer, likeså Kristus
elsket menigheten og gav seg selv for den, for å
hellige den ved å rense den ved vannbadet i ordet.
Efeserne 5,25-26

Når menn blir brakt til Gud, får de oppleve Ordets rensende effektivitet, og det skjer en reformasjon. For slik som vann kan fjerne urenheter fra kjødet når det blir benyttet til renselse, slik kan Ordet rense oss fra de syndene som Gud hater når det anvendes daglig, og det vil rense vår tale og våre liv. Mennesker renser seg ved å være oppmerksomme på Guds ord (**Salme 119,9**).

Etter at de var blitt vasket, kledde Moses på Aron og sønnene hans. Aron ble kledd med dyre og vakre klær, slik at når han stod mellom Gud og folket Hans, så kunne han i sin skjønnhet være symbolet på det som Jesus er i virkeligheten, en perfekt Yppersteprest. Så snart disse klærne ble tatt på

Aron, ble den salvende oljen øst over hodet hans for å salve ham og hellige ham. Alt dette ble gjort før noe blod ble utgytt.

Her ser jeg Aron som et bilde på Kristus, som Ånden ble øst ut over før Han ga sitt liv, og som levde et rent og hellig liv før Han dro til korset for å dø. Moses kledde også på Arons sønner med hvite linkjortler, som representerte renhet, for det fine linet er de helliges rettferdighet (**Johannes' åpenbaring 19,8**).

Så ble syndofferet brakt fram, og Aron og sønnene hans la hendene på hodene deres sammen. På denne måten bekjente de syndene sine til Gud og anerkjente at de fortjente å dø. Aron drepte væren, og Moses tok blodet og renset alteret, og så gjorde de soning på det. Her blir Kristus sett som alteret, presten og offeret. Han tok sitt folks synder og gjorde dem til sine egne. Han bekjente dem for Gud, og så led Han for dem, og på den måten la Han dem vekk.

Det er veldig instruktivt å observere at etter at væren til innvielsen ble drept – det offeret som gjorde dem komplette som prester – så tok Moses blod fra det og strøk det på Arons høyre øre og Arons høyre tommel og på den høyre stortåen. Så gjorde han det samme med Arons sønner. Dette er for å vise at Guds folk er renset av blod i tillegg til vann. Det ofrede livet og Guds ord har en mektig kraft over seg. Ørene deres ble åpnet, og de nøt å lytte til Guds ord. Veien deres og ordene deres var påvirket av Kristi blod. De håndterte Guds ting, og de vandret etter Guds vilje.

Gud har satt sitt merke på dem. Det er et rødt merke, et blodmerke. Derfor føler de at de ikke er sine egne, men de er frikjøpt eiendom. Kristus har kjøpt dem med sitt eget blod, og Han har satt sitt merke på dem. Derfor blir det forventet at de skal vandre, ikke etter sine egne veier eller lyster, men på Hans vei. Før Kristi merke ble satt på dem, kunne de si: «Min vilje skje», men nå må de si: «Din vilje skje.»

Før Han kalte dem og frelste dem ved blodet, kunne de høre Kristi navn misbrukt, og de reagerte ikke på det. De ville lytte til ondsinnet og dumt snakk uten sorg. Faktisk nøt de å lytte til det, og noen ganger sluttet de seg til de syndige samtalene. Men nå er de blitt forandret. De orker ikke å lytte til dum og ulønnsom tale, enda mindre ta del i den, uten å føle dyp sorg i hjertet. Da hadde de intet øre for Kristus. Nå er navnet Jesus musikk for dem. Snakk til dem om Jesus, så vil de fortelle at det navnet betyr mer for dem enn noe annet navn på jorden – at de fikk liv, helse og fred fra det navnet, og at det navnet er steinen de bygger på og tilflukten de løper til. Prestene måtte ha rene hender. Vannet og blodet er der, og de elsker å håndtere ting som hører Gud til.

En annen ting jeg har funnet å være ganske så instruerende, er dette: Moses tok vannet og blodet og stenket det på Aron og på klærne hans og på sønnene hans og på sønnenes klær og helliget Aron og klærne hans og sønnene hans og klærne deres. Ånden ble gitt uten mål til Kristus. Han ble salvet med Den Hellige Ånd før Han utgytte sitt eget blod (**Johannes 1,82, 3,34, Apostlenes gjerninger 10,38**).

Og nå, siden blodet er blitt utgytt, er Ånden og blodet gitt til de åndelige prestene. De har mottatt Den Hellige Ånd, «kraften fra det høye», som Kristus sa skulle komme etter at Han hadde lidt. Dette blir kalt for «den salvelsen som dere fikk av ham» (**1 Johannes 2,27, Lukas 24,49, Johannes 14,15-18.26, 16,7**). Som kalt, satt til side og helliget, kan vi som Herrens prester, komme nær og tilbe foran Ham.

Nok en gang: På slutten av **3 Mosebok 8** ser jeg at Aron og sønnene hans fester sammen foran Gud og venter stille på den åttende dagen da en slik stor velsignelse som aldri var gitt før, skulle gis til dem. Kristus hadde lidt for synden og fjernet den, dratt til himmelen og sitter nå sammen med sine hellige i lykkelig fellesskap, og de venter på at herligheten skal bli åpenbart og at de skal være med Jesus og lik Jesus i all evighet.

Kjære leser! Er du en prest? Har du blitt født inn i presteskapets familie? Har du følt blodets kraft, og vandrer du nå i kraften til Den Hellige Ånd?

DEL 32
LOVEN OM SPEDALSKHET

Etter å ha sett på loven om helliggjørelse av prestene, så la oss nå rette oppmerksomheten vår mot loven om spedalskhet. Instruksjonen som ble gitt til Moses om dette står nedskrevet i **3 Mosebok 13 og 14.**

Den spedalske var et bilde på en ufrelst synder, og en renset spedalsk var et bilde på en frelst synder. Spedalskhet var en forferdelig og ekkel sykdom. Det samme er tilfelle med synd (**Jesaja 1,5-6**). Det finnes ingenting som Herren misliker og avskyr like mye. Han hater det. Han hater imidlertid ikke synderen. Han elsker ham med ren kjærlighet. Men Gud hater og avskyr menneskenes synd, og synden må fjernes, for ellers må synderen kastes ut fra Herrens åsyn. Denne sykdommen må kureres, for ellers må sjelen stenges ute av himmelen for evig (**Salme 9,18, Lukas 16,23, Matteus 25,41**).

Spedalskheten ekskluderte den lidende personen fra alle de privilegier som forsamlingen hadde, og det fikk ham til å bli kastet ut fra leiren (**4 Mosebok 5,2-4**). En uren spedalsk kunne ikke ha fellesskap med andre av Guds folk. Han kunne aldri gå sammen med de hellige opp til Guds hus, og den urene synderen er fremmed for gledene og velsignelsene fra huset og tilbedelsen av Gud.

En mann kunne komme til stedet for tilbedelse og aldri entre stedet for tilbedelse i ånden. Bare rensede sjeler kan gjøre det. En mann må være frelst før han kan tilbe. Bare Gud kunne kurere spedalskhet. Intet menneske kunne på denne tiden helbrede denne stygge sykdommen. Ingen andre enn Gud kan frelse fra synd. Når Kristus var på jorden og spedalske kom til Ham, så helbredet Han dem. Slik er det nå også. Gud er i Kristus, og de åndelige spedalske kan nå komme til Jesus som frelser folket Hans fra syndene deres.

Dersom de ikke ble helbredet, så endte spedalskheten alltid med døden. Slik er det også med synden. Dersom vi ikke blir frelst fra synden, kan vi heller ikke bli frelst fra døden og helvete. Synd er veien – helvete er slutten på veien. En mann må forsake den veien, for ellers vil han ikke unngå fallgruven ved enden. Denne enden på synden er døden. Syndens lønn er døden. Synden resulterer ved slutten i død, men den sjelen som løper til Jesus, får livet og unnslipper den kommende vreden.

Synes du som leser, at syndene dine er for store, og at synden har gjort sjelen din motbydelig og sjofel? Da bør du slå opp i **3 Mosebok 13,13-14**, så kan du finne noen ord som gjelder akkurat deg. Så snart spedalskheten dekket alt kjødet, slik at det ikke fantes en eneste ren flekk på ham, så måtte presten erklære ham ren. Men så lenge der var litt rått kjød på ham, var han uren. La den stakkars, skjelvende synderen tenke på dette og bli oppmuntret til å komme til Jesus. La ham ikke vente på å bli bedre men komme med en gang – komme som han er, full av skyld og synd. Si til Jesus at du er full av synd, intet annet enn synd. Bekjenn det – del alt!

Jesus er den store Ypperstepresten. Han vil fjerne det og helbrede alle sårene dine. Det er fattigdom som hos en mann som har havnet på fattigkassen. Det er sykdom som hos en mann som er havnet på sykehus. Det er synd som hos en som kommer til Kristus, Han som kom inn i denne verden for å frelse syndere, og Kristus gjør at folk kan komme til himmelen. Den fortapte sønnen sa ikke: «Så snart jeg kan skaffe meg noen bedre klær, vil jeg dra til min far.» Dersom han hadde ventet på bedre klær, ville han ikke ha kommet i det hele tatt. Han kom som han var, dekket med filler og skitt. Faren hans møtte ham med nåde, gråt over ham og kysset ham i de fillene. Så kledde han ham, pyntet ham og førte ham inn i huset for å spise gjøkalven. Dette er akkurat hva Gud gjør for fattige, skyldige syndere nå. Han vasker dem, kler dem, mater dem og får den til å juble foran Ham.

Jeg leste i **Lukas 18** om to menn som kom foran Gud. Den ene var fariseer og den andre var en toller. Fariseeren stod og pekte på seg selv, skrøt av alle de gode flekkene hans, sammenliknet seg selv med den stakkarslige, syndige og avskyelige skatteinnkreveren og sa: «Gud, jeg takker deg fordi jeg ikke er som andre mennesker: røvere, urettferdige, horkarer – eller som denne tolleren.» Denne mannen returnerte til huset sitt som han kom, en ufrelst mann. Men tolleren følte at han var spedalsk over det hele, en synder fra øverst til nederst. Han var avskyelig, og han avskydde seg selv, men Gud frelste ham, og han sendte ham hjem til huset hans som en som var blitt rettferdiggjort og renset.

Når den spedalske skulle renses, hvor fant du ham? Utenfor leiren. Presten gikk ut for å møte ham. Syndofferet ble plassert utenfor leiren, på et sted utenfor, som derfor var ødemarkens Golgata. Et bilde på korset var der. Og når de stakkars synderne først møter Kristus, så er det der, på Golgata og på korset. Et menneske må først føle at han er utenfor før han kan bli brakt inn. Han må være syk, og han må føle sykdommen sin før han vil ønske at Kristus skal komme og helbrede ham.

Så snart presten hadde sett på mannen og erklært ham ren, så ga han beskjed om at to små fugler skulle hentes, og en av dem skulle bli drept i et leirkar som var fylt eller nesten fylt med rennende vann – vann som rant fra steinen som ble slått, hvis stein var Kristus. Så tok han den levende fuglen, spredde vingene på den og bandt den til et stykke sedertre og isop med karmosinrød ull. Og mens han tok fatt i den ene enden på trebiten, dyppet han den levende fuglen i blodet av hans drepte kompanjong og i vannet fra den slåtte steinen og stenket den spedalske syv ganger med blod og vann og proklamerte at han var ren og lot den levende fuglen slippe fri.

Inntil nå har den spedalske ikke gjort noen ting selv, men på dette stadiet begynner han å gjøre noe. Først vasker han klærne sine, så barberer han av alt håret og vasker seg i vannet, og på denne måten blir han ren. Slik renser Herren oss først, og så begynner vi å rense oss selv. Han putter livet inn i oss, og så begynner vi å gå ved dette livets kraft.

Lasarus kunne ligge stille i graven så lenge han var en død mann. Men så snart han følte livet inni seg, begynte han å streve med å komme vekk fra dødens sted. Og så snart et menneske føler kraften fra et nytt og hellig liv inni seg, så begynner han å fjerne seg fra døden. Han kan ikke lenger føle seg hjemme blant vennene sine, som er døde i synd, eller være glad over døde gjerninger. Han har kanskje ikke frihet, men han har liv, og han søker å komme seg vekk fra døden – han lengter etter friheten.

Ved å vaske kjødet sitt og klærne sine, så har den spedalske forandret utseendet sitt. Med vann fra steinen har han fjernet skitten fra sin egen person og klærne sine, og med barberhøvelen har han kuttet av det som naturen har produsert og som en jøde var meget stolt over.

Slik er det også med menneskene nå. Gud bruker først sitt ord og blodet til hjertets samvittighet, og så begynner vi å å bruke Ordets vann for å dømme og rette på våre feilaktige doktriner og vaner og levemåte. Og vi bruker også en kniv eller den skarpe barberhøvelen til å kutte av de dype røttene og de syndige vanene som vi har skrytt av i våre syndige dager.

Etter at alt dette er blitt gjort, så drepte presten et lam som skyldoffer og tok litt av blodet dens og smurte det på mannens høyre øre, på tommelen på hans høyre hånd og på stortåen på hans høyre fot. Så tok presten olje og dyppet den høyre fingeren i den og smurte det på øret, tommelen og tåen til den spedalske og oppå blodet fra skyldofferet, og resten av oljen helte presten på hodet til den som ble renset. Så drepte presten syndofferet og gjorde soning for den spedalske, og etterpå (ikke før syndofferet var blitt drept og ofret til Gud) så skulle han drepe brennofferet, slik at den rensede og frelste mannen kunne komme inn til forgården i tabernaklet med en følelse av at Gud hadde akseptert og frelst ham.

De var ikke alle spedalske i Israels leir, men alle mennesker er åndelig spedalske og trenger den helbredelsen som bare Gud kan gi. La meg så, kjære leser, spørre deg om du har følt syndens spedalskhet. Har den stengt deg ute fra tilbedelsen av Gud, og føler du at dersom Gud ikke helbreder deg, så må du gå fortapt for alltid? Føler du at du er dekket med spedalskhet fra hodet og ned til føttene, og at åndelig sett ser Gud ikke noen sunnhet eller helse i deg? Dersom du føler det slik, er jeg sikker på at du snart vil motta et besøk fra Jesus, Ypperstepresten, og at Han vil være for deg alt det som de to fuglene var et bilde på, og dyrene som ble ofret som offer for den spedalske. Han vil smøre blodet på øret ditt, tommelen din og stortåen din, og det blodet vil være bra for deg. Så vil han helle olje på det.

I blodet ser jeg det ofrede livet til Kristus, og i oljen ser jeg kraften og nåden til Den Hellige Ånd. Så godt at vår Gud gir oss alt vi trenger – blodet, det underbare Jesu blod som soning og rensing for synden vår, og Den Hellige Ånd, som «underviser oss i alt» og «tar Kristi ting og viser dem for oss». Sannelig vil språket til våre takknemlige sjeler være lovprisning og tilbedelse og tjeneste i et hellig liv.

Del 33
Den røde kvigen

Alle som er interesserte i 4 Mosebok, har lest kapittel 19 flere ganger. Det er et av de utvalgte kapitlene som oppmerksomheten vår blir rette mot når vi hører 4 Mosebok nevnt. Akkurat som når 3 Mosebok blir nevnt, så tenker vi på kapittel 16 som beskriver forsoningsdagen. Dersom Salmene nevnes, tenker vi straks på Salme 51 hvor David, som var i stor anger på grunn av synden sin, øser ut tårene sine og ber til Gud som han hadde syndet mot. Når Lukas evangelium nevnes, slår vi straks opp på kapittel 15 hvor den bortkomne sønnen blir portrettert. Dersom du nevner Jesaja, tenker vi straks på kapittel 53, og vi ser sorgens mann som ble straffet for våre overtredelser.

Vi har alle våre favorittskriftsteder hvor vi har funnet åndelig hjelp og blitt forfrisket mange ganger. Der er våre favoritt-stier i Skriftene, utvalgte marker hvor vi ofte har møtt vår venn, eldre bror og Frelser. Mange hellige har møtt Herren i **4 Mosebok 4,19**. Det skriftstedet har oppmuntret, matet og styrket mange som har vandret i ødemarken ved å vise ham den tanken at mens han er i verden, vil han ofte være i fare for å bli tilskitnet og ved den tilskitningen bli forstyrret i sitt fellesskap med Gud, få ødelagt freden sin og forårsake sorg for Den Hellige Ånd. Likevel har det gitt næring til en rask bedring til et fullt og gjenopprettet fellesskap med Faderen. Dette er det bestemte aspektet ved Kristi velsignede offer som vi får i **4 Mosebok 19,** og det er mitt ønske at denne boken vil få flere kristne til å søke gjennom dette kapittelet igjen og igjen med det formål å finne den sannheten som alle hellige trenger, og som dette offeret lærer oss på en så velsignet måte.

Den røde kvigen finnes ikke, som du kan se, i 2 Mosebok eller 3 Mosebok, hvor vi ville ha forventet å finne den, men i 4 Mosebok. Det finnes ingen del av den boken som viser oss den velsignede gjenløsningen mer enn 2 Mosebok, eller som forteller oss mer om tilbedelse enn 3 Mosebok, men du finner dette i midten av boken som mer enn noen annen er fylt med historien om ødemarken, og med instruksjoner og advarsler som ble gitt til Guds folk mens de vandret gjennom det øde landskapet. Og dette er veldig instruktivt, for vi føler ikke behovet vårt for sannheten som er i dette kapittelet, til vi føler at vi er fremmede og pilegrimer i denne verden.

Det ville ha vært bra dersom kristne innså det faktum at vi her krysser et vilt landskap som er så tomt og øde åndelig som ødemarken var for Israel i gamle dager. Dessverre gjør vi ofte denne golde verden til hjemmet vårt. Så snart en hellig føler at verden er et dystert ødeland, bør han komme til 4 Mosebok, så vil han finne det oppbyggelig lesning. Men opp til da vil det være tørt og uinteressant.

Kvigen var et vakkert bilde på Kristus. Den måtte være rød og uten den miste prikk av en annen farge. Det ville være vanskelig å finne et dyr som ikke hadde noen annen farge på seg enn rødt. Kristus var en sjelden person. Det var aldri noe annet menneske som til alle tider og på alle måter var alt som Gud krevde. Kristus var perfekt, absolutt perfekt. Det var ingen feil med Ham. Han var uten lyte av noe slag. Vi er dekket av prikker og lyter, men vår Jesus er tvers igjennom ren, og vi blir sett i Ham og akseptert i Ham, og i Ham er vi fullkomne.

Den røde kvigen måtte være en som aldri har vært under åket. Hadde åket vært på den i en time, så ville den ikke ha vært et passende dyr til å ofre. Kristus syndet aldri. Han kjente ikke til noen synd. Satan prøvde, og verden prøvde, å få Ham under syndens åk, men Han var aldri under dets kraft eller verden eller handling. «Han som ikke gjorde synd, og det ble ikke funnet svik i hans munn.» (**1 Peter 2,22.**)

Folket skulle bringe den røde kvigen og levere den til presten. Slik kom folket i en folkemengde med Judas for å ta Jesus, og de ledet Ham til døden og sendte Ham til Kaifas, ypperstepresten, som fordømte Ham til døden og sendte Ham til Pilatus, guvernøren, slik at Han kunne bli drept for folket og prestene (**Matteus 26,47-57, 27**).

De andre dyrene ble drept i forgården av tabernaklet, ved siden av alteret, men den røde kvigen led utenfor leiren. Den ble ikke bare brent der slik som syndofferet, men den led der – ble drept der. «Derfor led også Jesus utenfor porten, for å hellige folket ved sitt eget blod. La oss da gå ut til ham utenfor leiren og bære hans vanære! For vi har ikke her en blivende stad, men søker den som kommer.» (**Hebreerne 13,12-14.**)

Asken fra kvigen skulle samles og bli oppbevart på et rent sted for forsamlingen og skulle brukes som en renselse for synd. Dersom en person skulle røre ved en død kropp eller et ben fra en død mann, så ble han besudlet og ble betraktet som en uren person. En slik person kunne ikke nyte privilegiene til forsamlingen før det som besudlet ham, ble fjernet. Samhørigheten ble derfor avbrutt, og mannen ble suspendert fra alle gledene i tilbedelsen til det som hindret ham, ble fjernet. Denne urenheten kunne bare fjernes på en måte: ved å ta litt av asken fra den røde kvigen og putte den i et kar med rennende vann, og så lage renselsesvann, som det ble kalt. For når dette ble stenket på en uren person, så renset det ham fra urenheten hans og gjorde at han igjen kunne ta del i de privilegiene som forsamlingen hadde, som han midlertidig hadde mistet.

Du som leser, vil nå se at sannheten som har kommet ut fra den røde kvigen, er en sannhet om ødemarken. Her kan vi hele tiden kjempe mot urenhet fordi vi er i kontant kontakt med døde mennesker – de som er døde i syndene sine – og assosiering med dem hindrer vårt fellesskap med Gud. Vi synder daglig, og vi trenger å renses daglig. Dyret led døden, og kroppen ble brent til aske. Asken ble tatt vare på og ville minne folket om den tidligere lidelsen og døden.

Kristus led en gang for synden. I Kristus har Gud ordnet opp med synden vår. Han var som en fortærende ild overfor synden. Han brant alt til aske. For en velsignet tanke! Alle syndene til alle Guds folk ble konsumert, slik at ikke noe mer enn asken var igjen for lenge, lenge siden. Når Gud nå ser på folket sitt i Kristus, er de renset gjennom blodet fra det første øyeblikket de tror på Jesus. Dette er rettferdig-gjørelsen som aldri kan bli tatt fra dem, og som de aldri kan falle fra, for ingenting kan skille en troende fra Guds kjærlighet som er i Kristus Jesus (**Romerne 8,38**).

Rettferdiggjørelse er en ting. Den kan aldri mistes, den er vår i all evighet ettersom vi tilhører Kristus i all evighet. Men gleden av rettferdiggjørelsen er en annen ting og avhenger helt av måten vi lever på og hvordan vi vandrer foran Gud. Den ene kan vi aldri miste fordi vi har fått den. Den andre kan bli mistet og gjenopprettet mange ganger. Alle som er undervist i sannheten, vet at dersom frelsen en gang blir vår, så vil den alltid være det også i framtiden. Men hvem blant Guds folk har ikke flere ganger bedt Davids bønn: «Gud, skap i meg et rent hjerte, og forny en stadig ånd inni meg!» (**Salme 51,12.**) Asken ble aldri brukt uten vann. Asken og rennende vann ble blandet. Vannet representerer

Guds hellige ord. Asken peker tilbake mot offeret som ble gitt for lenge siden. Den Hellige Ånd bruker Ordet for å minne oss på offeret, som for lenge siden ble gitt av Gud. Han frisker opp tankene, styrker hjertene og fornyer sjelene våre ved å bruke fordums ting med nåværende kraft.

Fra alt jeg har påpekt, og mye mer som den leseren som har fått lærdom av Ånden, vil finne i kapittelet om den røde kvigen, så er det klart at synden i Guds folk er forurensende ting. Det skader sjelene våre og forstyrrer fellesskapet vårt med Gud. Gud hater det, og vi burde også hate det. Gud vil ikke tillate synd foran seg og vi burde ikke tillate at det eksisterer i samvittigheten vår. Jabes ba om at Gud ville fri ham fra det onde slik at det ikke ville forårsake sorg (**1 Krønikebok 4,10,** NB! dette er fra den hebraiske teksten). Det er godt å vite at det er godt å ha en øm samvittighet som kan føle den miste synd og føle sorg på grunn av den.

Jeg føler at vi ikke kommer til dette kapittelet for instruksjon så ofte som vi burde. De viktige sannhetene i det er oversett av så mange kristne. Noen ganger kommer vi til Ordet og finner ingenting som kan mate sjelene våre. Vi går til vårt hemmelige sted for å be, men så oppnår vi ikke fellesskap med Faderen. Vi kommer inn i de helliges forsamling, og vi får ikke fellesskap med dem eller Herren. Når dette skjer, burde vi begynne å se hva ondt vi har gjort og hvilken synd vi har tatt del i. Dersom Herren ikke hører oss, så er det fordi vi har urenhet i hjertene våre istedenfor å dømme det, bekjenne det og forsake det (**Salme 66,18-20**).

Dersom Guds trøst synes liten (**Job 15,11**), så er det fordi vi tviholder på noe hemmelig og ikke er villige til å gi slipp på det. Dersom mørke skyer gjemmer solen fra oss, så la oss huske på at skyene ikke kom fra solen. De steg opp fra jorden og kom mellom solen og jorden. Slik er det også med mange mørke skyer som kommer mellom sjelene våre og Kristus.

Denne frykten og tvilen er ikke fra Kristus. De er fra oss selv. Gud ønsker at vi skal leve hellige liv. Han er hellig, og Han ønsker at folket Hans skal være hellig, selv om vi lever i en skitten verden som gjør oss skitten. Han har derfor gitt oss det vi trenger for å rense bort urenhetene, og det er for oss å bruke den forsyningen av nåde som Han har laget for oss, og ikke vandre, som så mange kristne gjør, med en dårlig, tilgriset samvittighet. La oss kontinuerlig dømme oss selv! La oss daglig be Herren om å stenke hjertene våre slik at vi ikke bærer med oss en ondsinnet samvittighet.

For så sant blodet av bukker og okser, og asken av en kvige, helliger til kjødets renhet når det blir stenket på dem som er urene, hvor meget mer skal da Kristi blod – han som i kraft av en evig Ånd bar seg selv fram for Gud som et lyteløst offer – rense vår samvittighet fra døde gjerninger så vi kan tjene den levende Gud!
Hebreerne 9,13-14

DEL 34
NUMMER FIRE

Enhver oppmerksom leser må ha lagt merke til hvor ofte fire-tallet dukker opp i forbindelse med tabernaklet. Der er et firkantet messingalter med fire horn. Porten til tabernaklets forgård og forhenget i tabernaklet er begge laget av fire typer materialer og henger fra fire søyler. Røkelsen er laget av fire søte typer krydder. Det aller helligste er firkantet, og fire typer tildekning dekker over tabernaklet.

Dette foreslår for meg ideen om fullstendighet, av fasthet og soliditet. Jeg vil her minne leseren på at i Det nye testamente har vi fire evangelier som gir oss historien om Jesus og Hans karakter. Og som en mann må se på huset sitt fra fire forskjellige vinkler for å se hele bygningen, slik må vi lese de fire evangeliene for å få et komplett bilde av Kristus. De fire bøkene er egentlig bare ett evangelium, men det er et evangelium med fire sider.

I Matteus ser jeg Kristus som en Konge og «Faderens kongerike», og i Bergprekenen ser jeg prinsippene som kongeriket styres etter.

I Markus ser jeg ikke Jesus som Konge, men som tjener, som adlyder trofast alle Guds befalinger og på en kjærlig måte tjener menneskenes behov. Derfor er dette evangeliet mer opptatt av gjerninger enn lære fra vår velsignede Herre.

I Lukas ser jeg Ham som verdens Frelser. Her er Han gjennomgående menneskelig – en mann med et stort og kjærlig hjerte – en genial og trofast venn og reisefelle. Jeg elsker å se Jesus i Lukas. Han er så broderlig og snill, så ømhjertet og sann.

I Johannes' evangelium ser jeg Ham som hellig – som Guds Sønn – veldig Gud helt fra begynnelsen men i tidens fylde gjort til kjød. Der ser jeg Ham som et uttrykk for Guds kjærlighet for menneskene – kjærlighet som både er attraktiv og dempende for sjelen. Johannes så alltid på Jesus fra den samme vinkelen, og derfor er epistlene hans veldig like evangeliet hans og burde leses sammen med det som en kommentar på det.

Fra nummer fire lærer jeg at jeg har en perfekt Kristus, selv om jeg ser Ham som portrettert i messingalteret eller gullalteret, om jeg ser Hans skygge i porten eller i forhenget eller i tildekningen til tabernaklet. Samme hvor jeg finner Ham, så er Han perfekt. I Ham finner vi alt som Gud krever, eller som jeg trenger.

Nummer syv

Tallet «syv» er også et symbol på fullstendighet. Det forekommer mange plasser i Bibelen. (Se **3 Mosebok 23,15, 30,8, 4 Mosebok 23,1, 5 Mosebok 28,7.25, Josva 6,4.6.8.13, 1 Samuel 2,5, Job 5,19, Sakarja 3,9, Matteus 12,45, Johannes' åpenbaring 1,4, 3,1, 4,5, 5,6**, og mange, mange flere skriftsteder.)

På forsoningsdagen, som beskrevet i **3 Mosebok 16**, gikk yppersterpresten inn i det aller helligste og stenket blod syv ganger på nådestolen og foran nådestolen. Dette var for å vise oss et eksempel på at Kristi soning var perfekt og at vi kan stole helt på den.

Nummer tolv

Dette er også et symbol på fullstendighet. (Se **5 Mosebok 1,23, Josva 3,12, 4,2-3.8-9.20, 1 Kongebok 7,25.44, 10,20, Johannes' åpenbaring 12,1, 21,12.14.21, 22,2** og mange andre skriftsteder.)

Vi finner nummeret tolv mange ganger i tabernaklet. Sidene bestod av 48 plankebord eller fire ganger tolv. De plankebordene stod på 96 blokker av sølv, eller åtte ganger tolv, og hver planke hvilte på forsoningspengene til 12 000 menn. På det gylne bordet stod det tolv kaker, og hver kake var laget av tolv halvlitere med fint mel. Har vi ikke, kjære leser, en veldig komplett Kristus som har gitt selg selv til oss som vårt tilfluktssted, vår mat, vårt offer, vår prest, vår alt i alt? Burde vi ikke være lykkelige?

Jesus var det tilbudte offer,
På Ham falt den hevngjerrige ild;
Når Han døde, led som offer,
Var det all rettferd Han kunne kreve:
Dette er kjærkomne nyheter langt borte fra;
Hvorfor skulle noen fortvile?

La nå andre skryte av gjerningene,
Vi kan ei gjøre det;
Nåde alene hindrer oss,
At vi går ned til helvetes avgrunn.
Jesus kom for å frelse de fortapte,
I Hans navn kan vi skryte.

Del 35
Avsluttende bemerkninger

Kjære leser! Du som har reist sammen med meg på en lang reise over en veldig kort stund og gjort enkelte pauser her og der men aldri blitt lenge på ett sted. Jeg kunne ha ønsket å bli lenger på enkelte deler av reisen, men jeg var redd for å oppholde deg lenge på ett bestemt sted. Jeg håper reisen har blitt god for din sjels helse og at du vil komme hjem med fornyet styrke, bedre helse og større kjærlighet til Gud og med en stor appetitt for din daglige mat. Og før vi skilles ad og går hver til vårt, ber jeg om at du tillater meg å si noen få ord for å lette sinnet ditt.

For det første ville jeg ha ønsket at du hadde en bedre guide – en som kunne ha fortalt deg mye mer og på en penere måte enn det jeg har gjort, for da kunne reisen ha blitt enda mer behagelig for deg og utbyttet ditt kunne ha blitt mye større enn det er nå. Men slik situasjonen er, har jeg gjort det beste jeg kunne for å gjøre turen behagelig og nyttig. Jeg har følt det oppbyggende for sjelen min å skrive denne boken, og jeg takker Gud for det.

Det er enda et ord i hjertet mitt som jeg ønsker å si til deg, og det er dette: Dersom du har funnet noen nytte på denne korte reisen, eller hvis du tror det det kunne bli gjort behagelig og nyttig, så reis samme veien på ny med Bibelen i hånden. Og dersom du har noen venner som har interesse for slike ting, så inviter dem til å dra med deg. Det er behagelig å gjøre denne runden i selskap med fire eller fem sjeler som elsker sannheten. La dem bli formant til ikke å overse skjønnheten til nådestolen og rivningen av forhenget.

Ett siste ord: Når du går inn i det hellige og Kristus er mest dyrebar for din egen sjel, så la meg gi uttrykk for interesse for bønnene dine – at du vil nevne meg i din bønn og at du vil åpne munnen din med frimodighet og gjøre kjent evangeliets mysterium.

Be også for oss, at Gud må åpne en dør for Ordet,
så vi kan forkynne Kristi hemmelighet. For det er
for dens skyld at jeg er i lenker. Be om at jeg kan
åpenbare den ved å tale som jeg bør.
Kolosserne 43-4

Be om at enhver kristen leser kan bli guidet inn til sannheten, bli fylt med kjennskap til Hans vilje, og i all visdom og åndelig forstand øke i kjennskap til Gud. Dette er denne forfatterens oppriktige ønske og bønn.

Amen!

EGNE NOTATER

Om forfatteren

Lars Haukeland ble født i 1964 og født på nytt i 1979. Han ble ferdig utdannet vernepleier i Bergen i 1993.

Fra 1997 til 2001 gikk han på Independent Baptist Bible College i Nuneaton, England. I to år var han så assistentpastor i Bible Baptist Church i Nuneaton før han ble ordinert i 2003.

Den 23. september 2003 så Kingsmead Independent Baptist Church lysets dag hvor Haukeland var pastor i ett og et halvt år.

Tilbake i Norge har han jobbet med søndagsskole, men nå har han gitt sin fulle oppmerksomhet til det skrevne ord.

«Moses' evangelium – en vandring gjennom tabernaklet» er hans andre bok. Den første boka, «Dinosaurmannens andaktsbok», er også til salgs fra de samme kanalene der du kjøpte denne boka. Du kan lese et utdrag fra «Dinosaurmannens andaktsbok» på neste side.

Han jobber for tiden på Sandviken Sykehus.

Utdrag fra «Dinosaurmannens andaktsbok»

9. MAI

«Gud, skap i meg et rent hjerte,
gi meg en ny og stødig ånd!»
Salme 51:12

ET RENT HJERTE

David skrev Salme 51 etter at profeten Natan hadde kommet til ham, etter at David hadde vært hos Batseba. Denne store mannen, full av tro, en mann etter Guds eget hjerte, hadde falt i synd. Han hadde sett Batseba bade på taket av huset hennes, og David kunne ikke la være med bare å se på henne. Fristelsen ble for sterk for ham, og han falt i synd.

Bønnen i dagens vers har blitt gjentatt mangfoldige ganger. Jeg har selv ytret disse kjente ordene. «Gud, skap i meg et rent hjerte!» David ønsker å få hjertet renset (Apostlenes gjerninger 15:9). Dette er noe Gud kan gjøre. Han er i stand til å tilgi våre synder når vi angrer, vaske dem bort og fornye hjertet vårt slik at det blir rent. Bare Han kan rense hjertene våre. Men Gud renser ikke bare hjertene, Han skaper et rent hjerte. Det gamle syndige hjertet er ikke noe bra. Vi trenger å få et nytt hjerte, en ny innstilling, en ny start i livet. Da trenger vi «en ny og stødig ånd» slik at vi ikke skal falle tilbake til gamle synder. Vi ønsker at Gud skal støtte oss slik at vår gange blir «stødig». Sannheten er at vi syndige mennesker ikke er i stand til å oppnå dette på egen hånd. Bare ved Guds hjelp kan vi følge den smale sti og gå der som Han leder oss.

Det er viktig å huske når vi slåss mot vår gamle syndige natur i livene våre, at vi har løftet fra Filipperne 4:13: «Alt makter jeg i ham som gjør meg sterk.» Det er styrke tilgjengelig for oss, men da må vi overgi oss til Kristus.

Om forlaget

Himmelbok er et forlag som både utgir egne bøker, og som gjør det mulig for uavhengige norske forfattere å få utgitt bøkene sine på norsk. Himmelboks bøker er til salgs på www.himmelbok.no. Hvis du også er interessert i å utgi bok, kan du lese om hvordan det gjøres på vår hjemmeside.

www.himmelbok.no